Theo le Balei
et
La grande nuit du corail

Sébastien GANNAT

Collection
CANNE À SUCRE
1

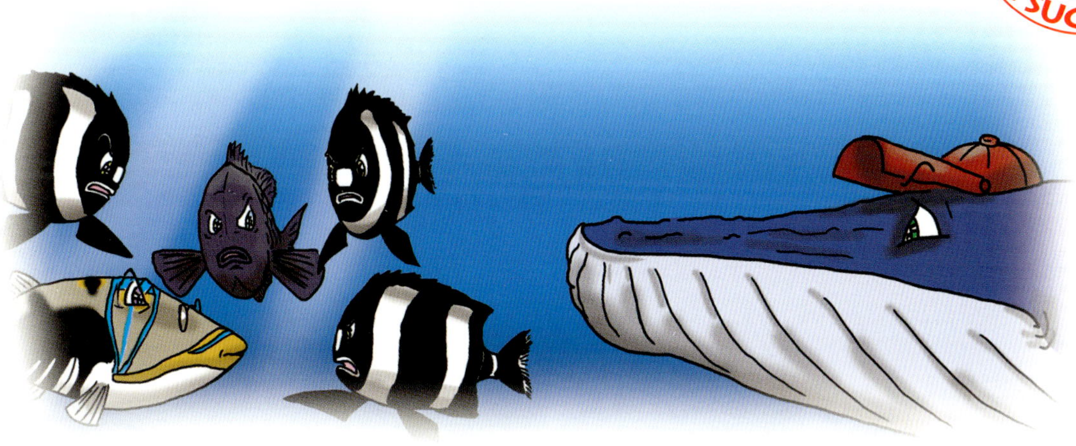

Le lagon de l'**île de la Réunion** abrite de nombreux poissons.
Ils vivent dans des maisons de corail
aux formes et aux couleurs extraordinaires.
La famille Demoiselle habite dans le quartier **"Toucoulèr"**.
Elles sont très fières
de leur maison de corail Branchu jaune.

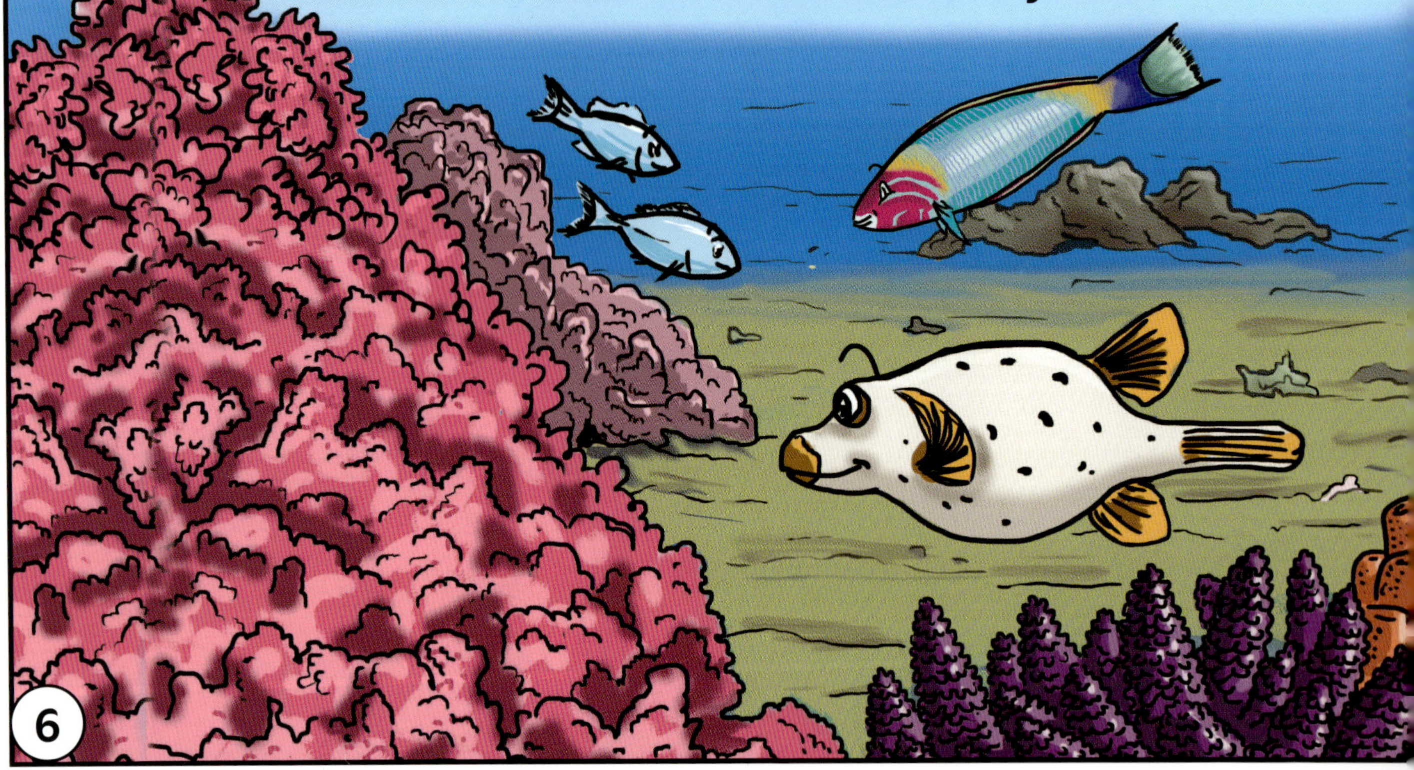

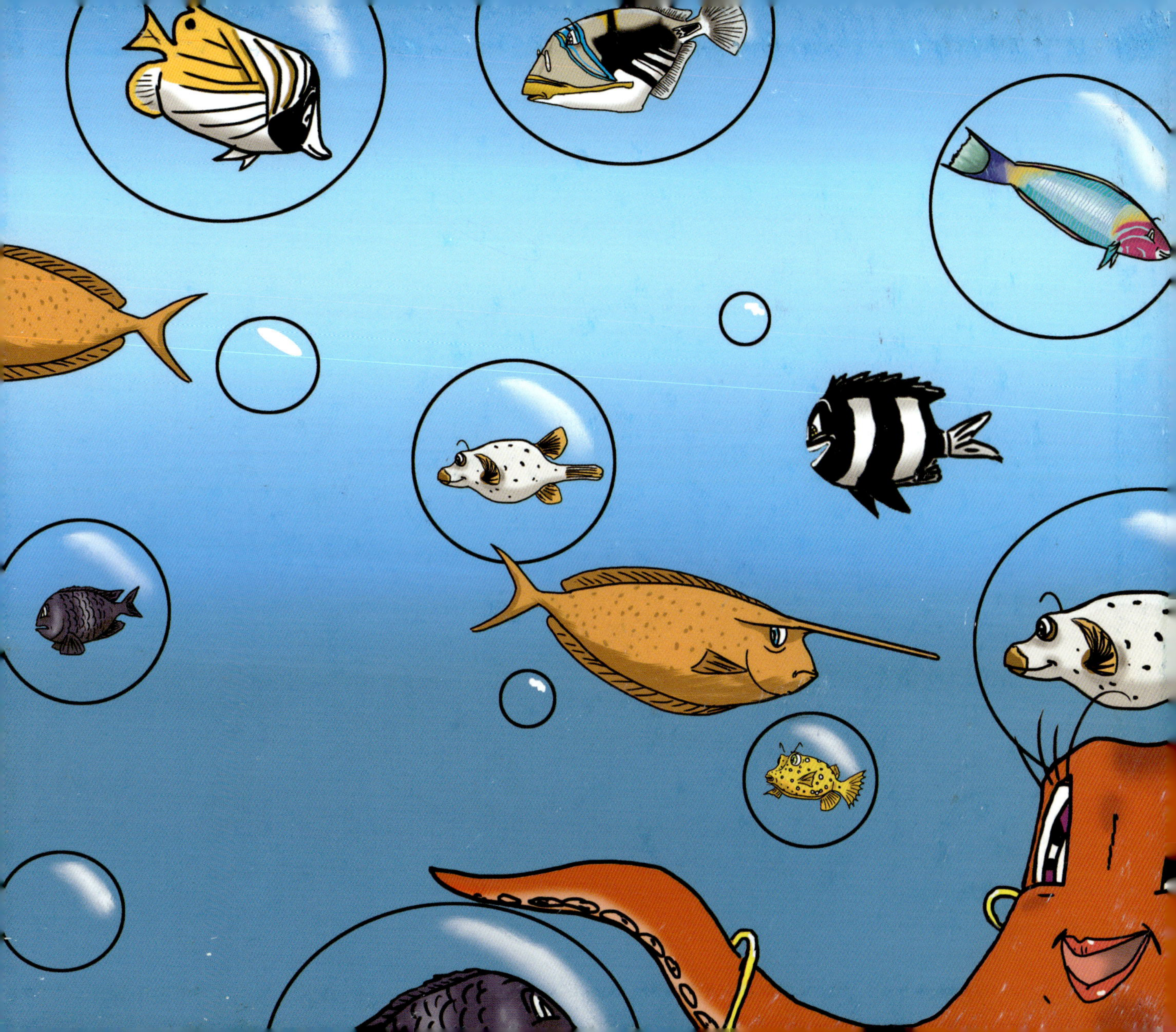

À mes enfants Inès et Dorian

S.G.

ORPHIE

www.orphie.net

ISBN : 978-2-87763-820-3
Achevé d'imprimer en C.E.E. : 4e trimestre 2012
Dépôt légal : 4e trimestre 2012

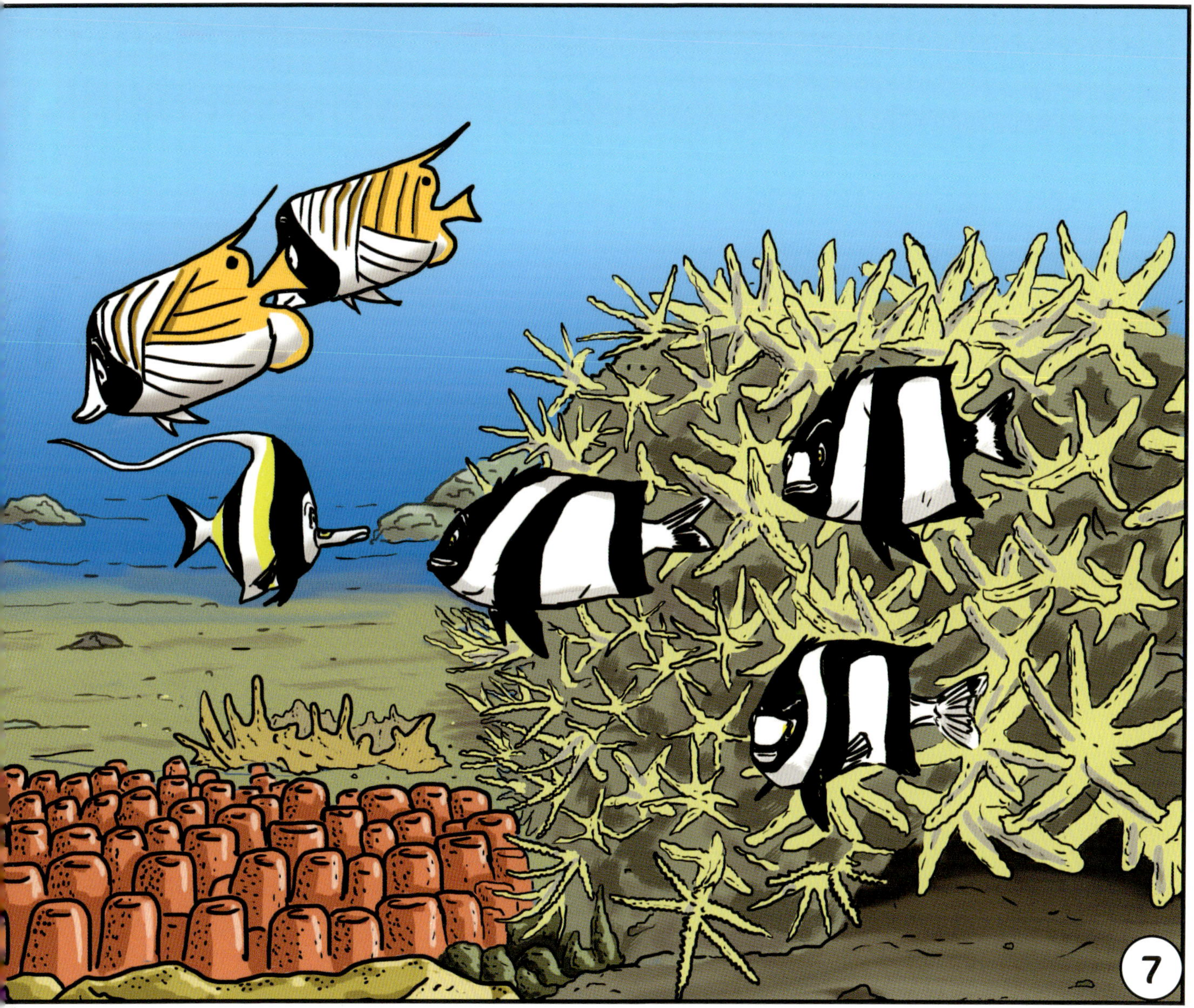

Mais les Demoiselles s'ennuient. Alors, elles ont imaginé un jeu : **se moquer des autres poissons !**
Un jour, c'est le Poisson Coffre, un autre, le Turbot tout plat et aussi le Poisson Licorne avec son long nez...
Tous les habitants du quartier y passent.

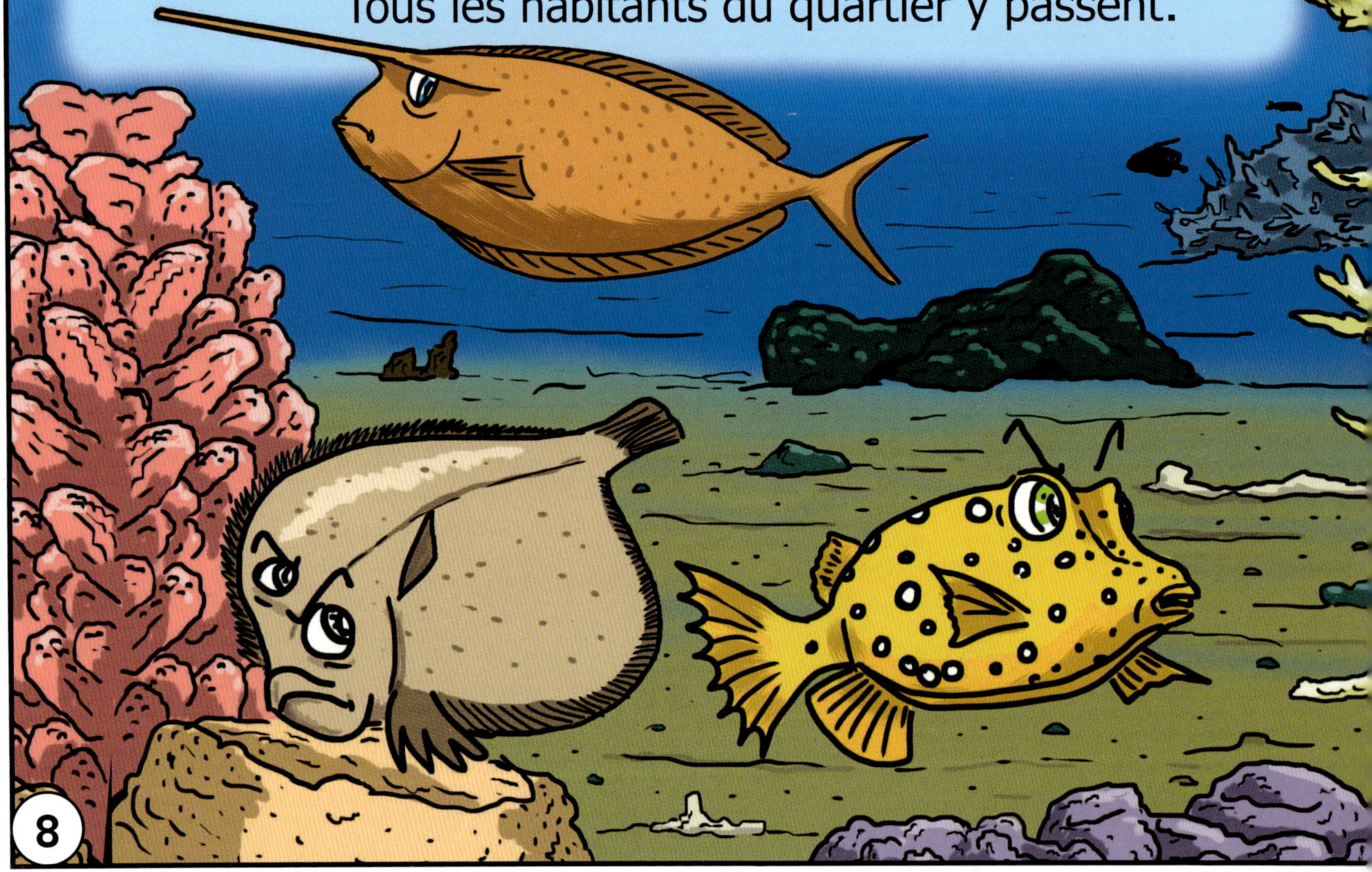

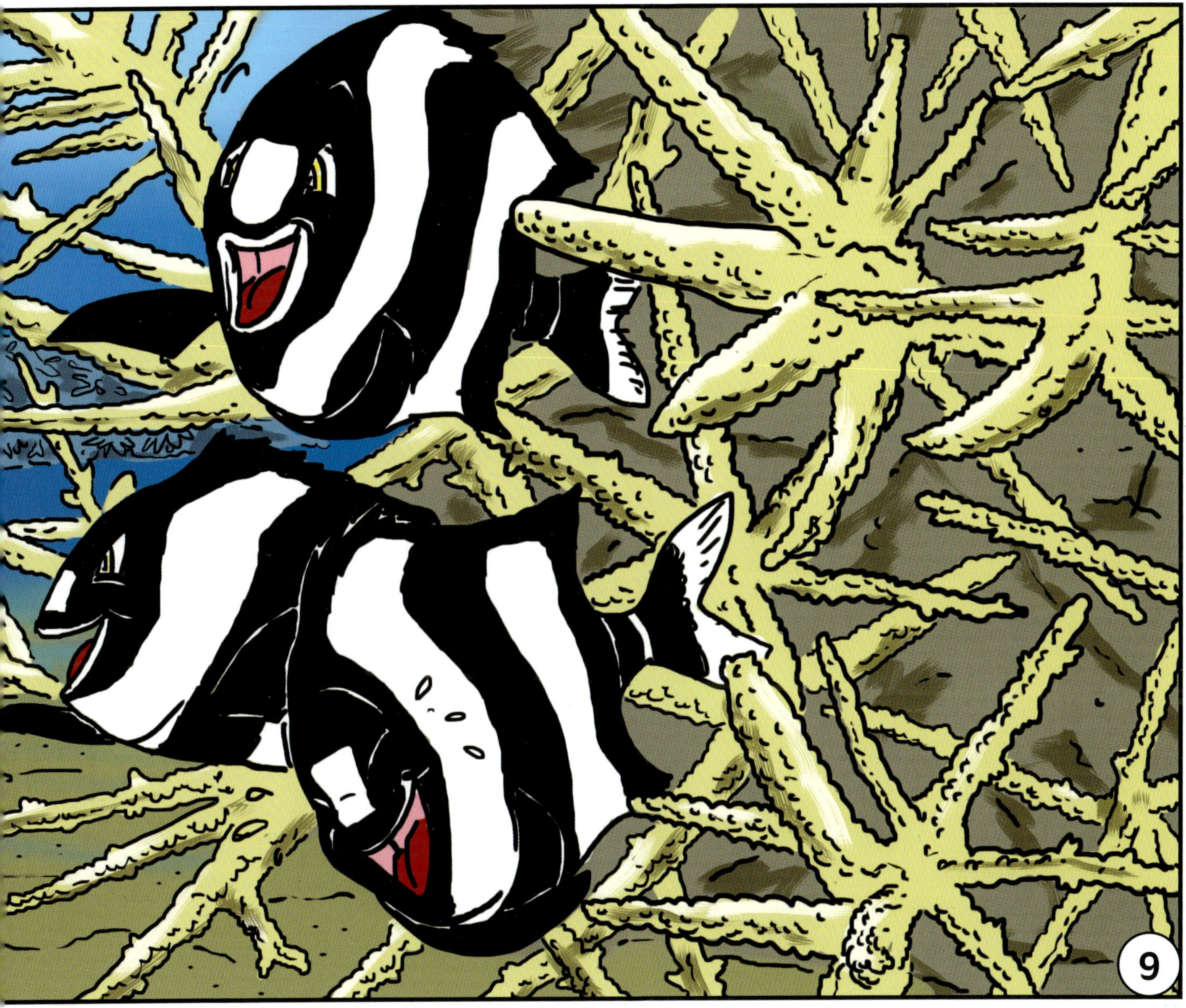

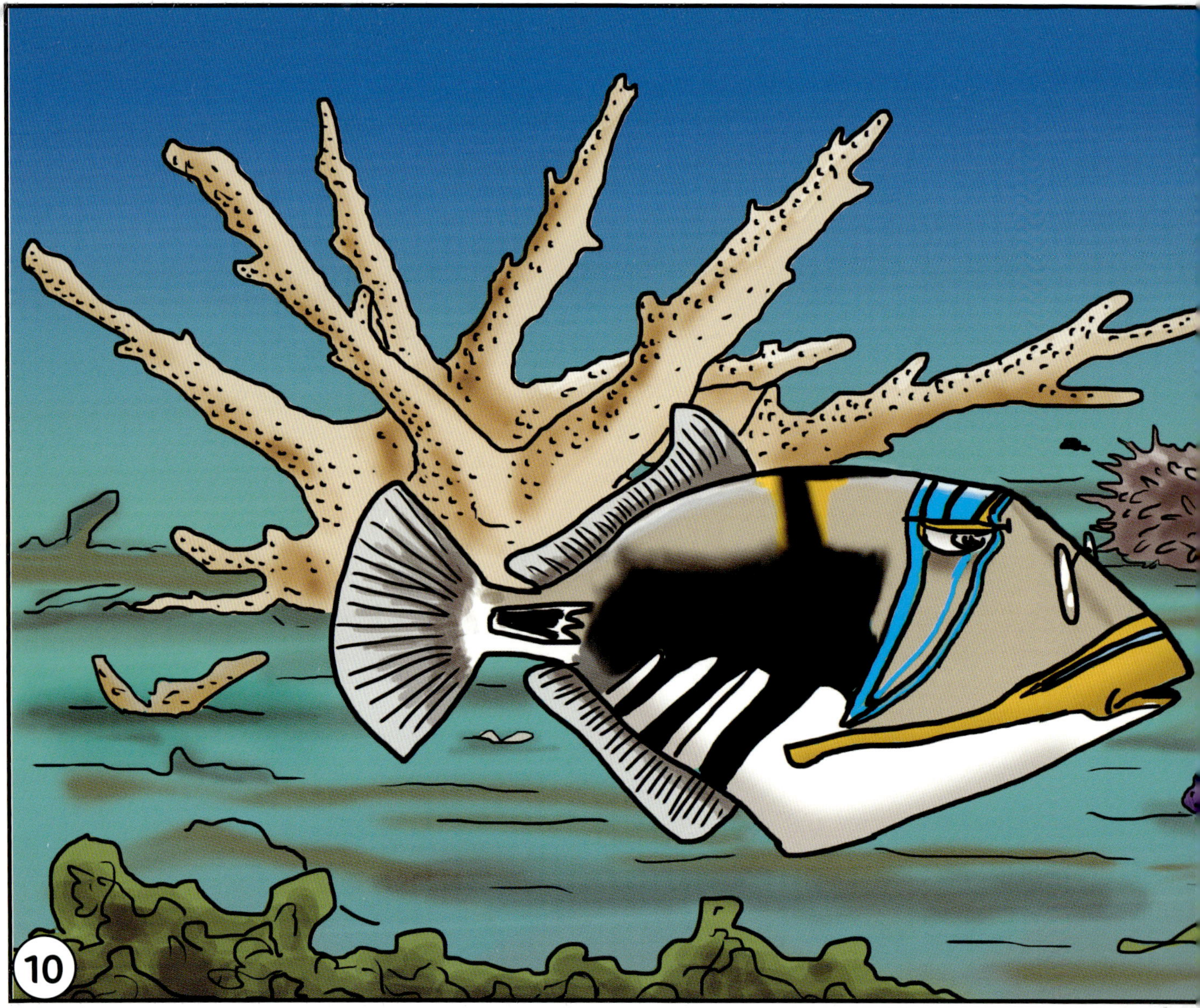
10

Mais, le poisson qu'elles préfèrent
ridiculiser s'appelle Baptiss, le vieux Baliste.
Elles ne l'aiment pas
et ne le trouvent pas très sympathique.
C'est vrai qu'il n'a jamais l'air content.
On l'entend souvent râler tout seul
sous sa petite branche de corail.

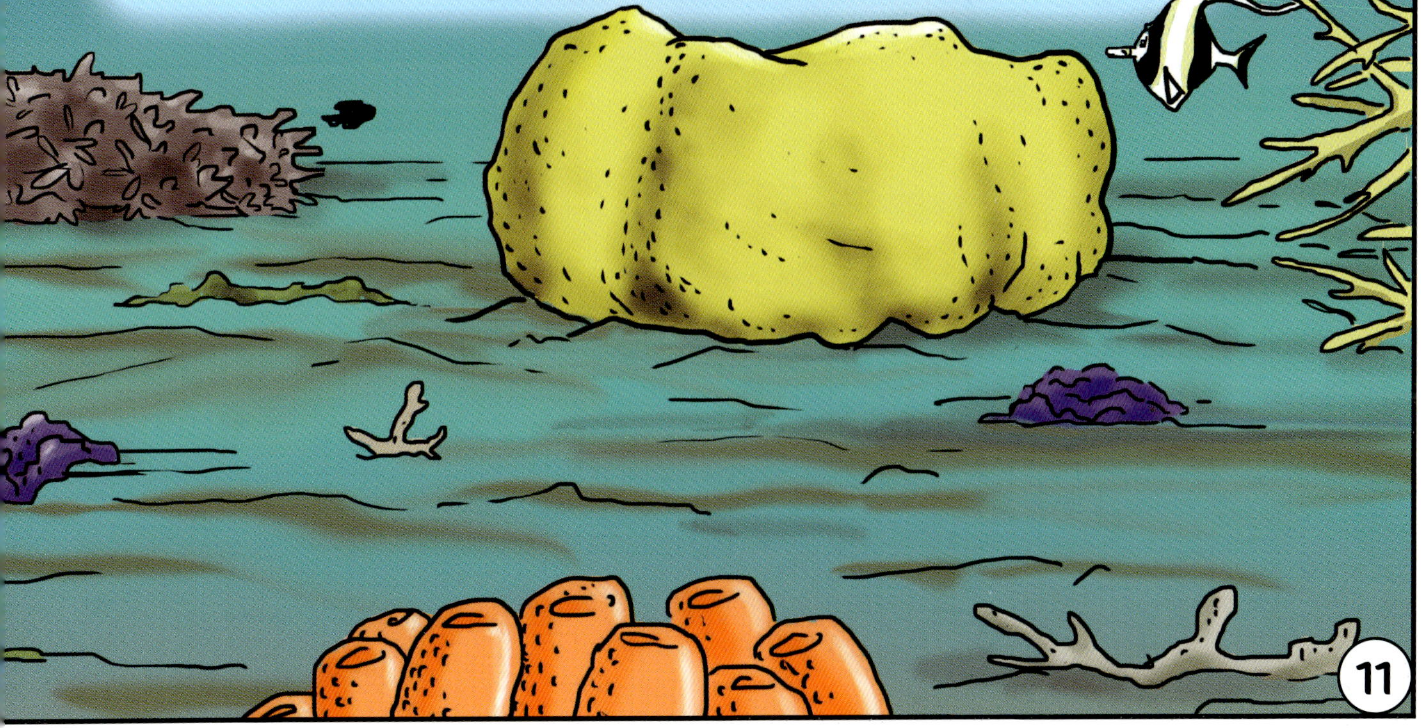

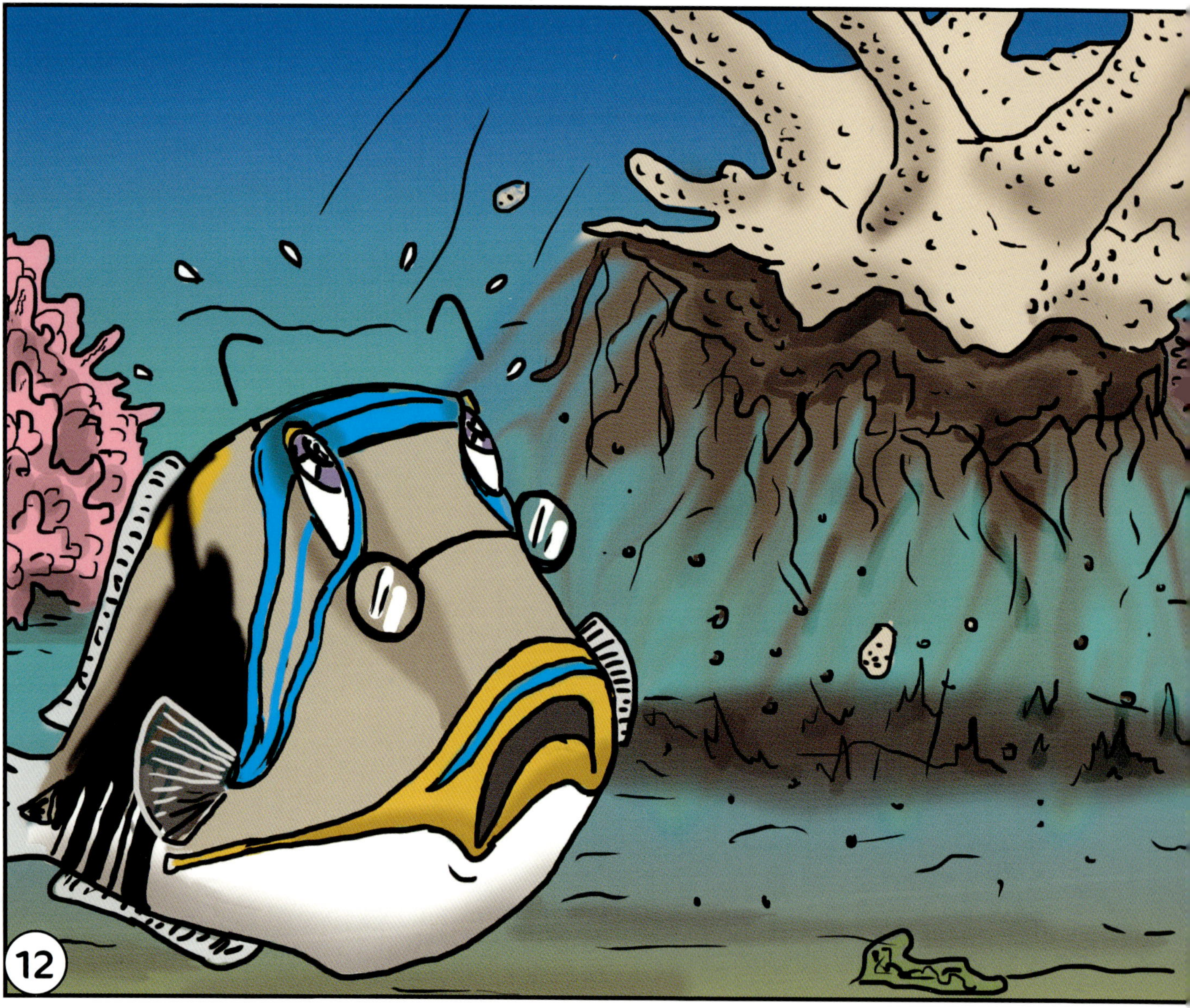
12

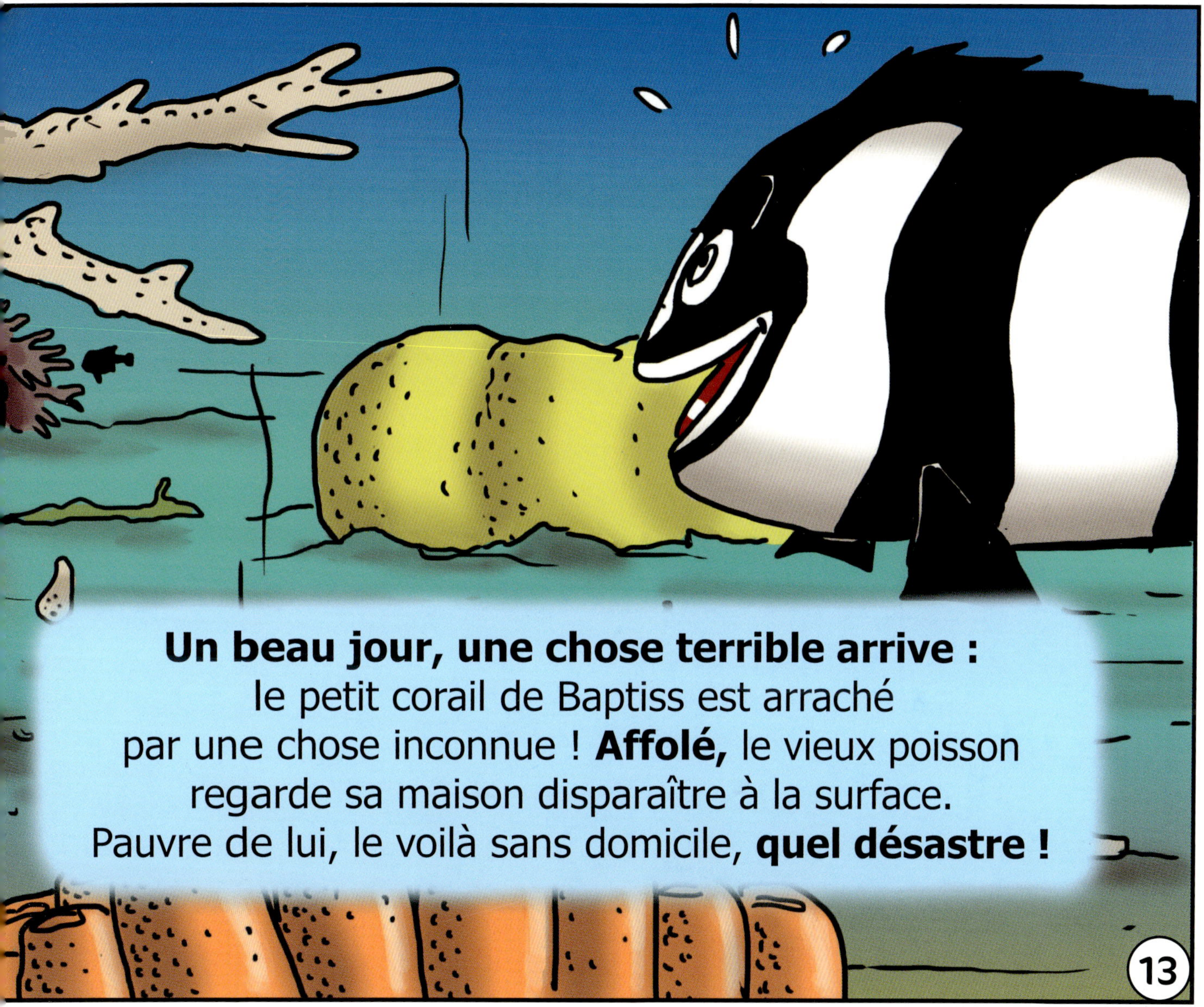
Un beau jour, une chose terrible arrive :
le petit corail de Baptiss est arraché
par une chose inconnue ! **Affolé,** le vieux poisson
regarde sa maison disparaître à la surface.
Pauvre de lui, le voilà sans domicile, **quel désastre !**

Le malheur de Baptiss fait le bonheur des Demoiselles.

Bien à l'abri dans leur corail, elles rient de voir le vieux grincheux pleurer comme un bébé. Moqueuses, elles chantent :

« Baptiss a tout perdu, son corail a disparu, il faut qu'il déménage, bon courage et bon voyage ! »

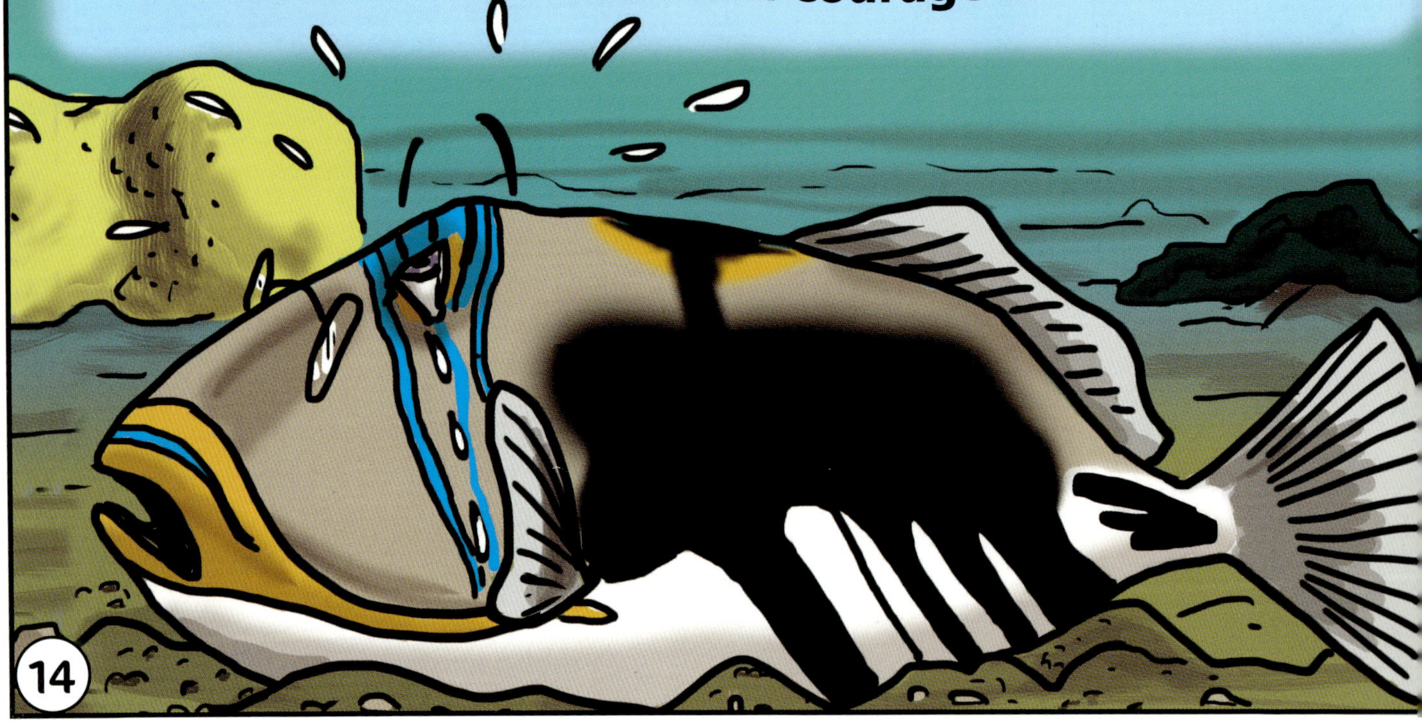

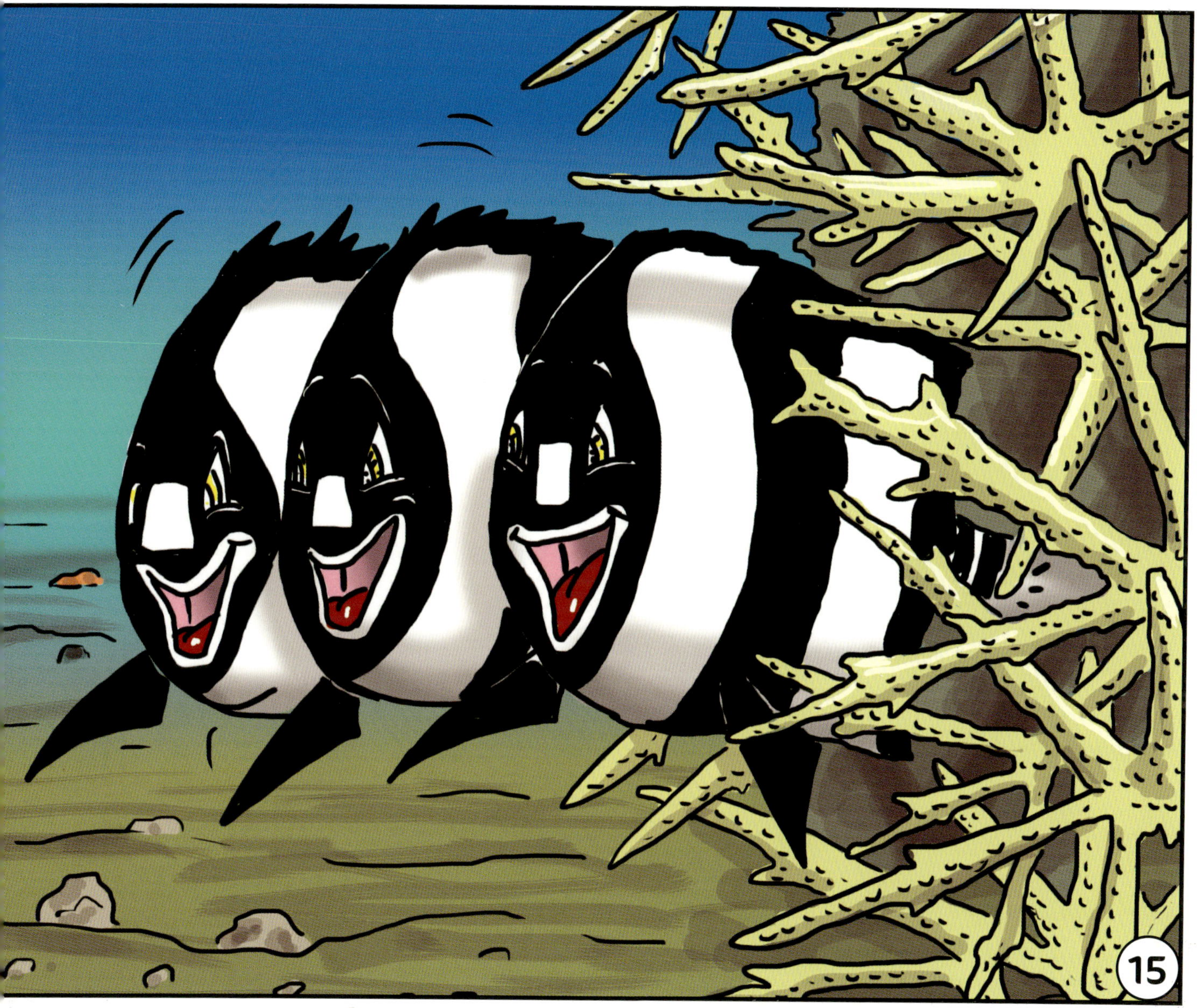

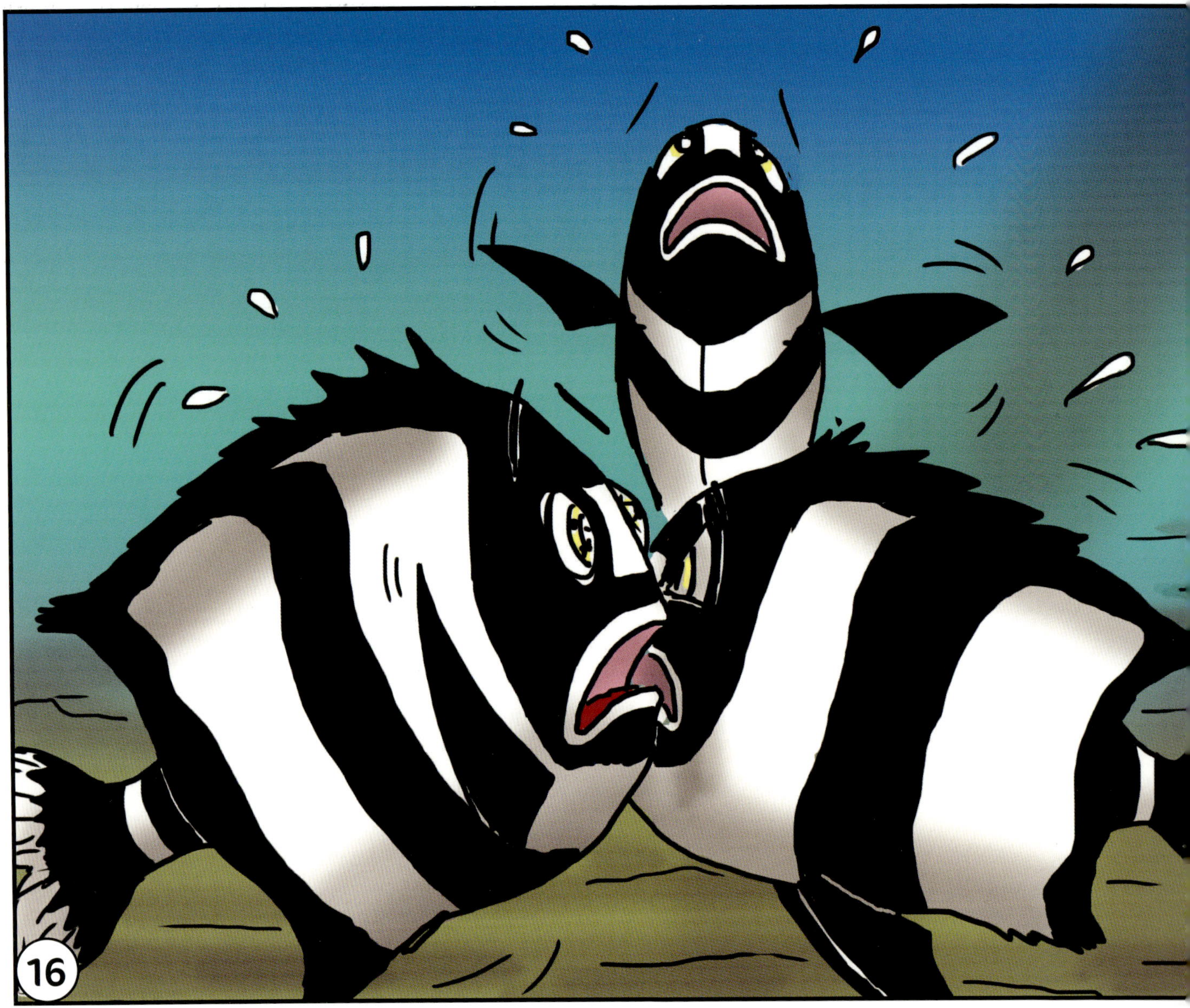

Soudain, une ombre passe au dessus des Demoiselles et des craquements terribles se font entendre.

CRACK ! CASS ! BROUCK !

Le petit groupe voit dégringoler de gros morceaux de leur maison de corail. « **Au secours ! À l'aide !** » crient les Demoiselles.

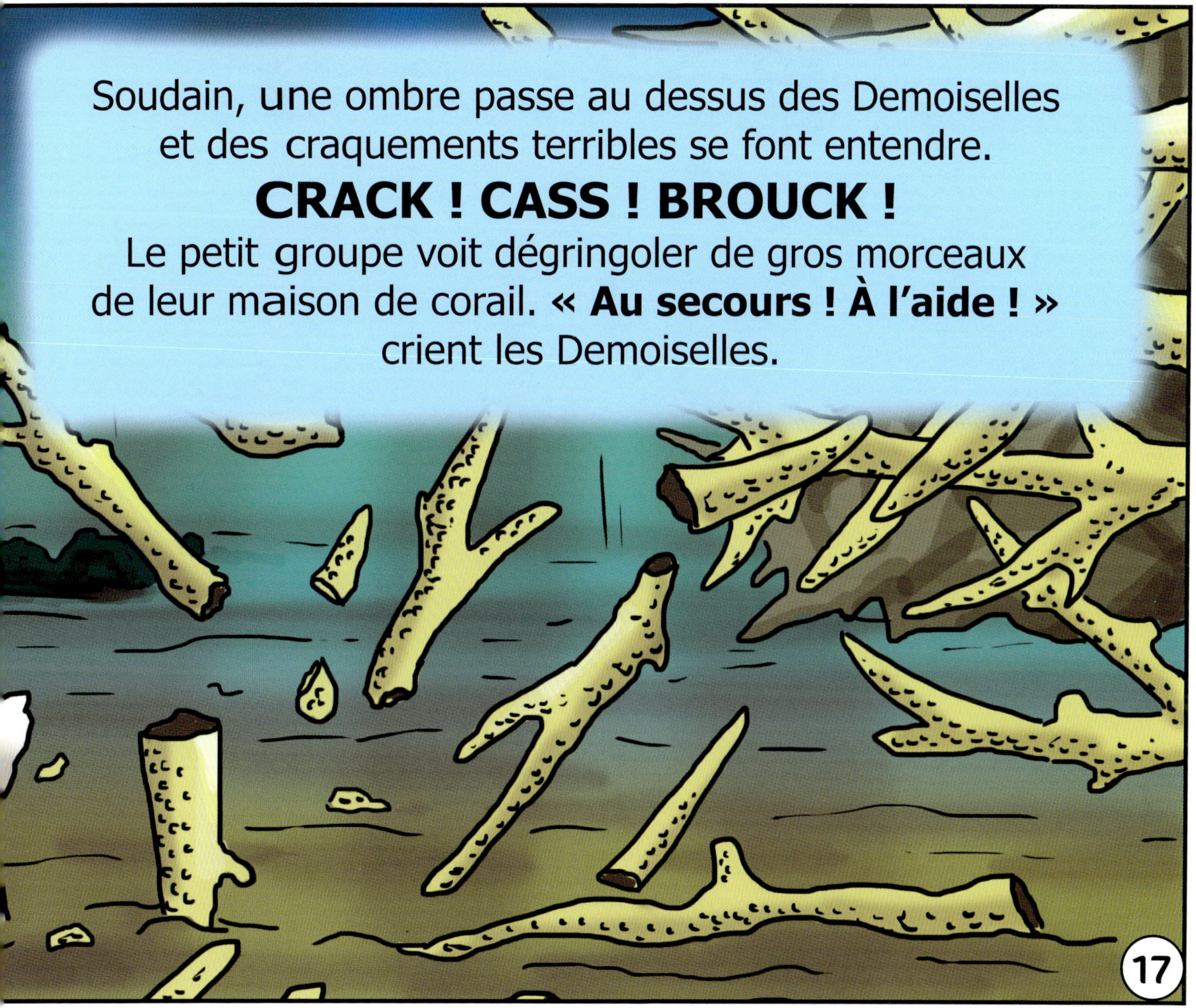

Grégoire, le voisin d'à côté, se précipite en direction du petit groupe. **Il est tout affolé !**

« Quelque chose vient de casser mon corail ! » dit-il.

« Ton Corail ne nous intéresse pas ! Et puis tout ça, c'est de la faute de Baptiss ! » pestent les Demoiselles.

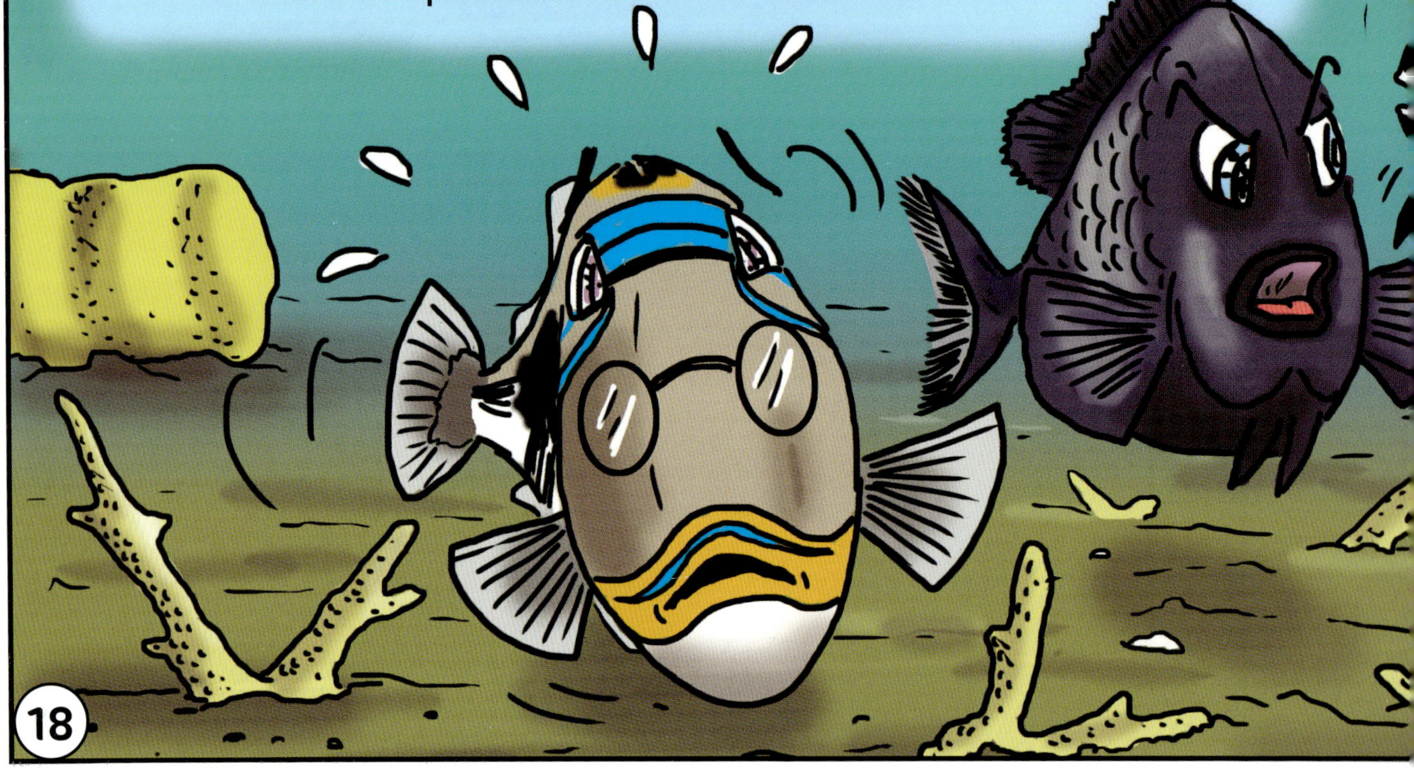

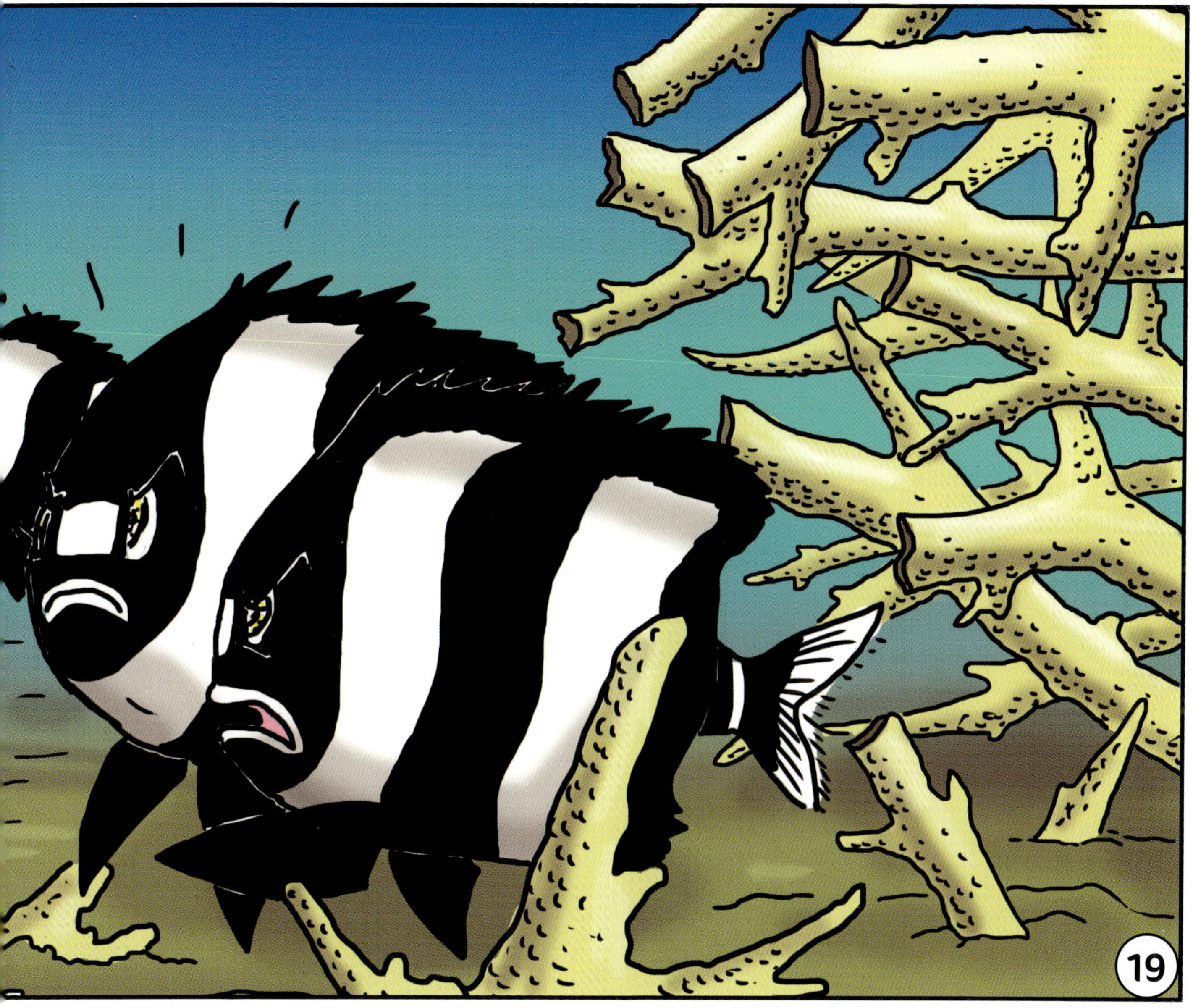

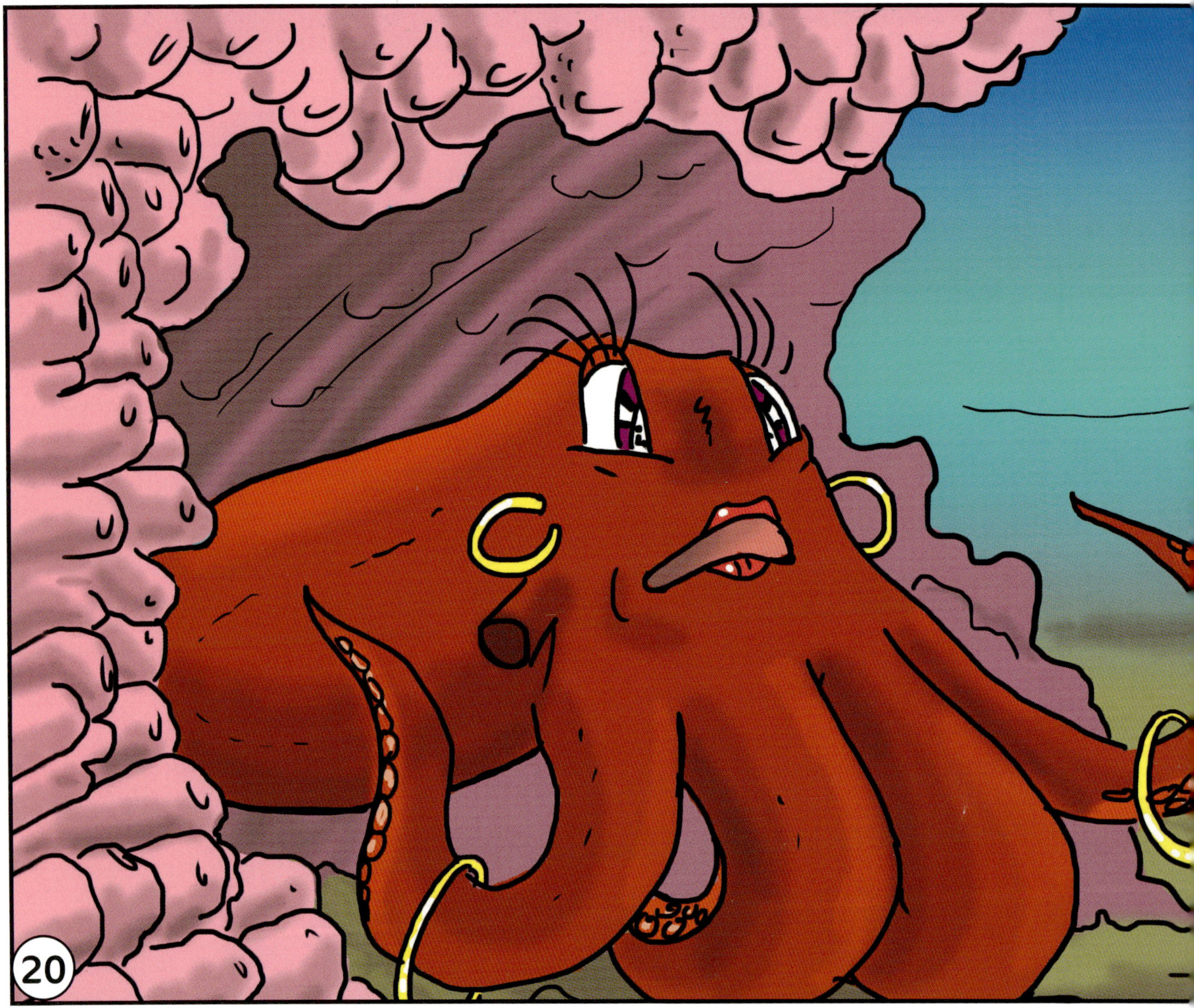

Alors que le ton monte entre les poissons, une voix douce vient les interrompre. C'est celle de Pépite, la Zourite.
Dans le lagon, tout le monde la connaît et la respecte.
« Pourquoi perdez-vous votre temps à vous disputer ?
L'heure est grave, c'est bientôt **la Grande nuit du Corail.**
Si nous ne faisons rien, le Corail ne pourra plus se reconstruire et nous n'aurons plus de maison où nous abriter ! »
dit-elle avec sagesse.

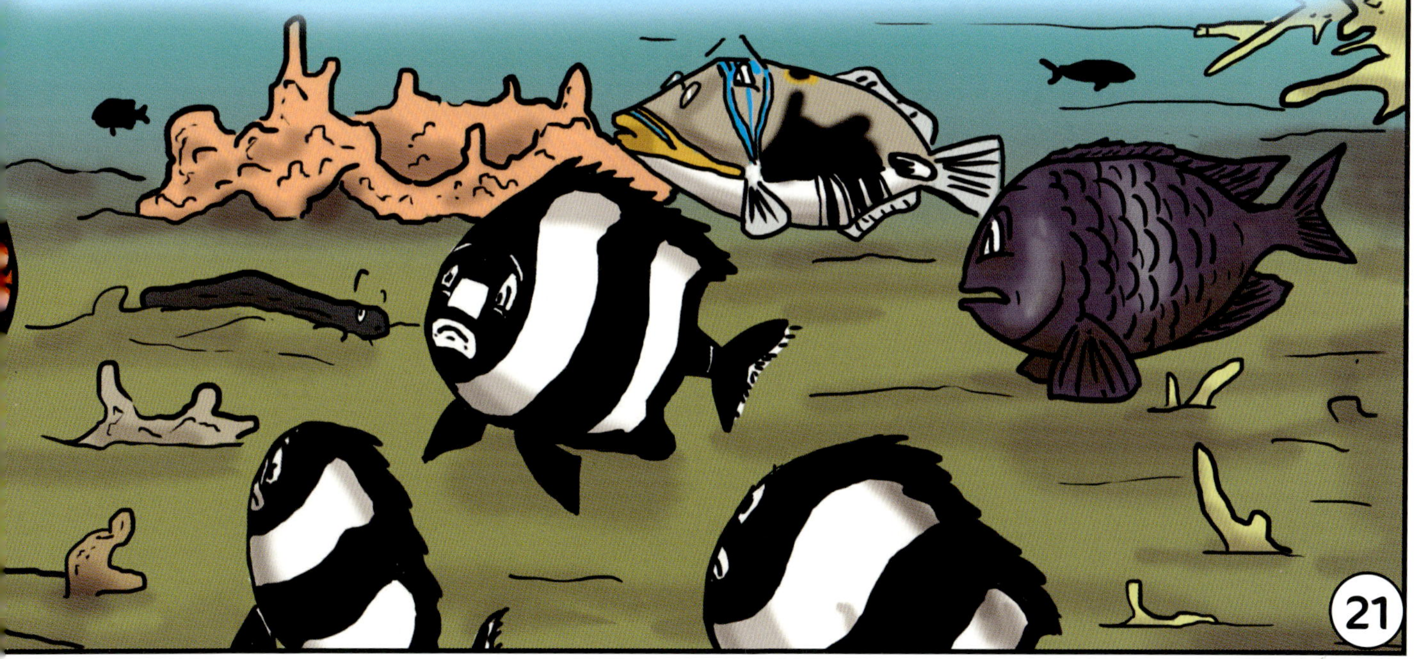

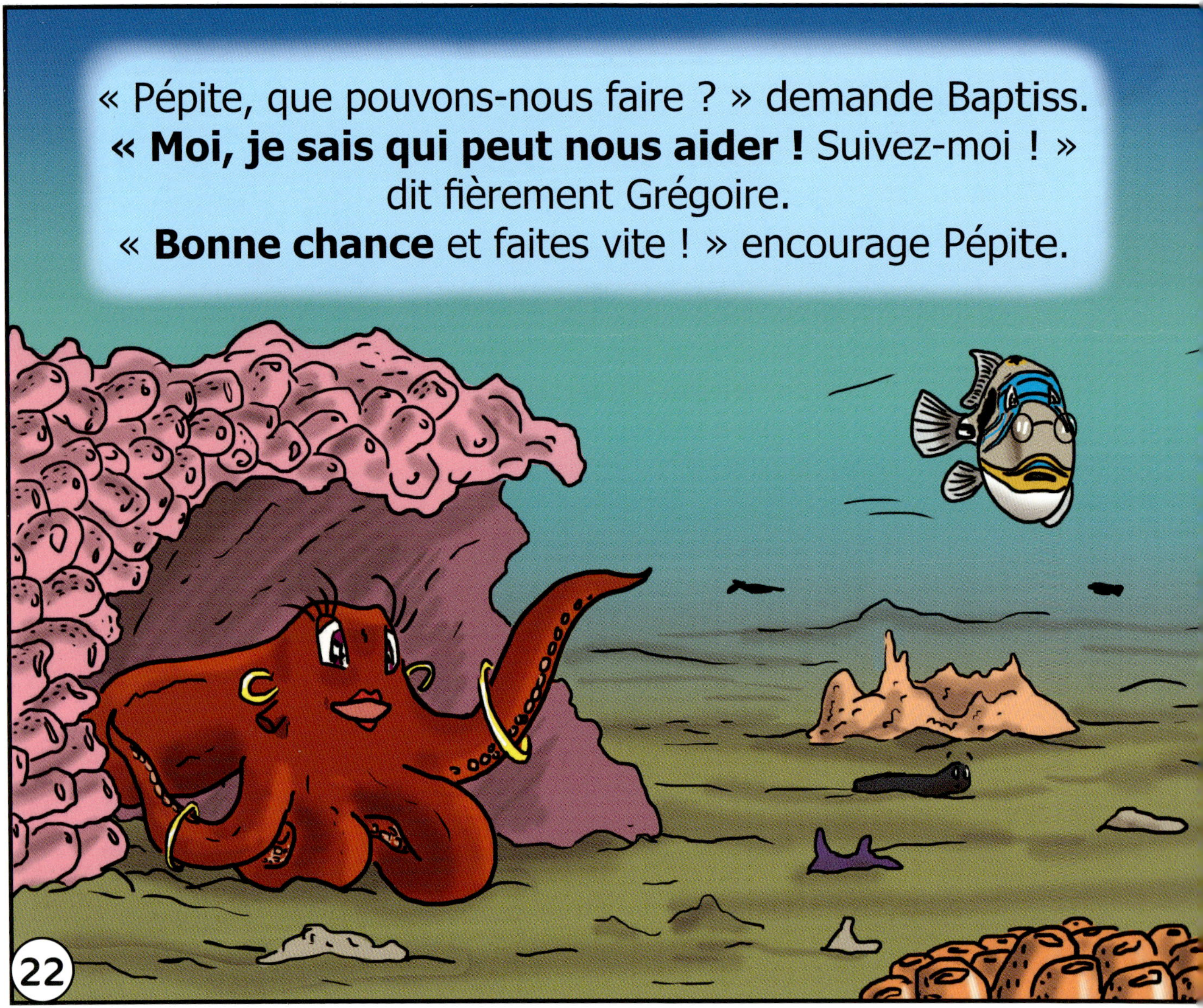
« Pépite, que pouvons-nous faire ? » demande Baptiss.
« **Moi, je sais qui peut nous aider !** Suivez-moi ! »
dit fièrement Grégoire.
« **Bonne chance** et faites vite ! » encourage Pépite.

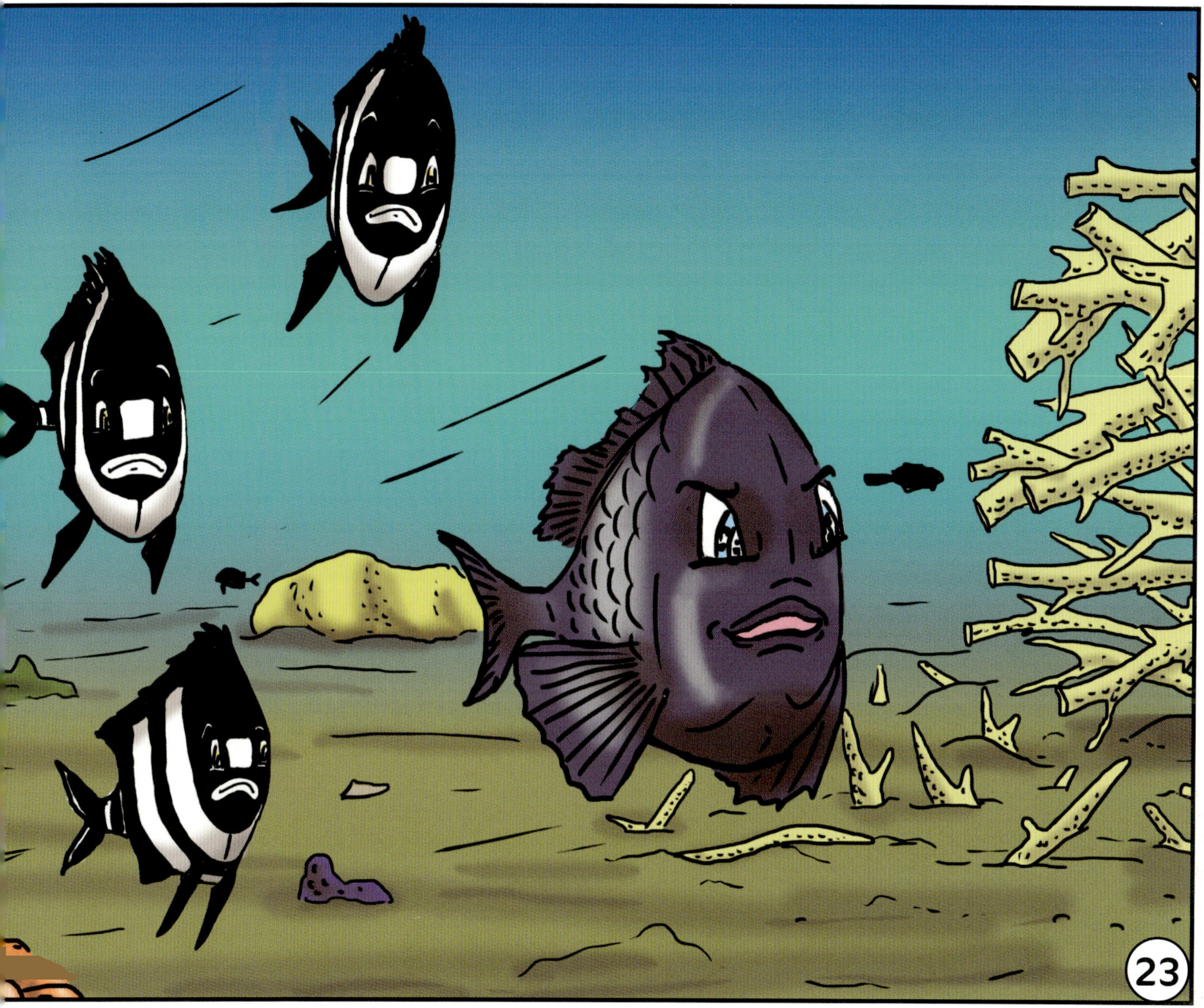

Un peu plus au large, **Théo** le baleineau
joue avec **Lucien** et **Vivien**.
Ils entendent soudain
des voix qui se rapprochent d'eux.
« Laisse-moi passer le premier ! »
« Tu es trop lent Baptiss ! »
« Tu ne sais pas nager Grégoire ! »...

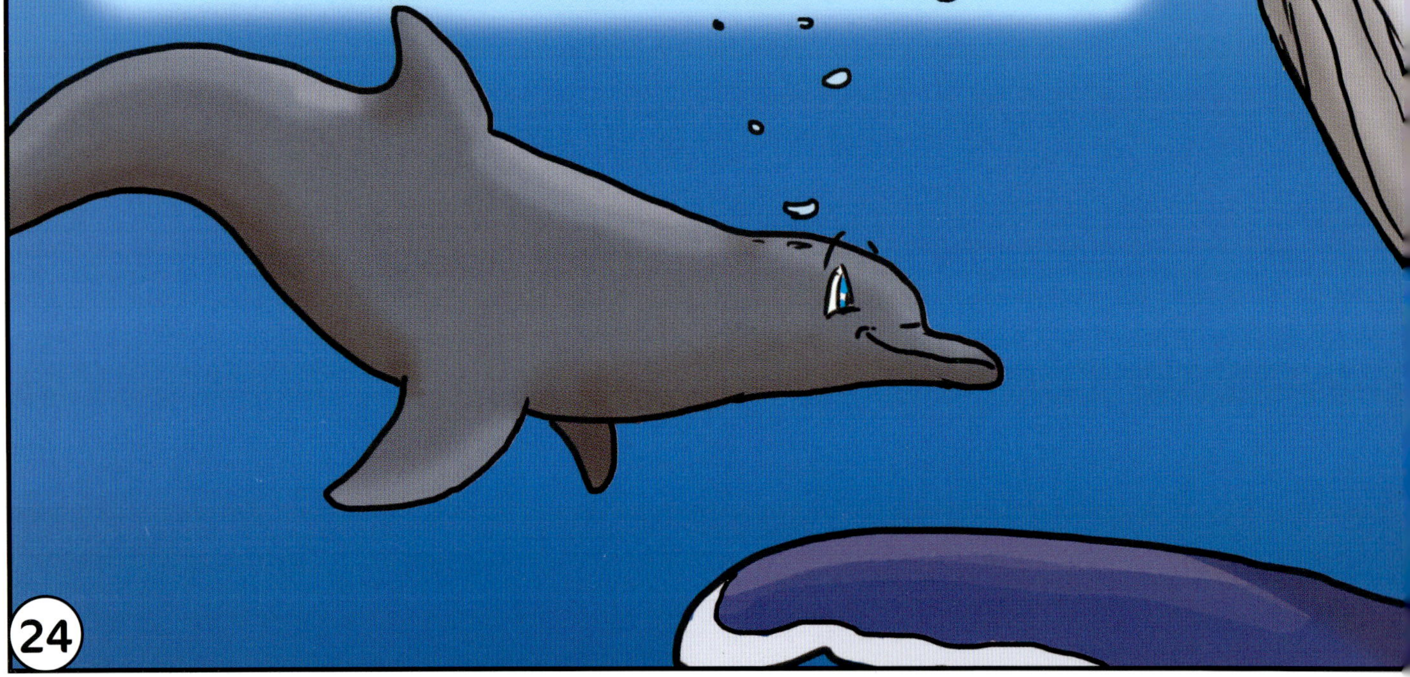

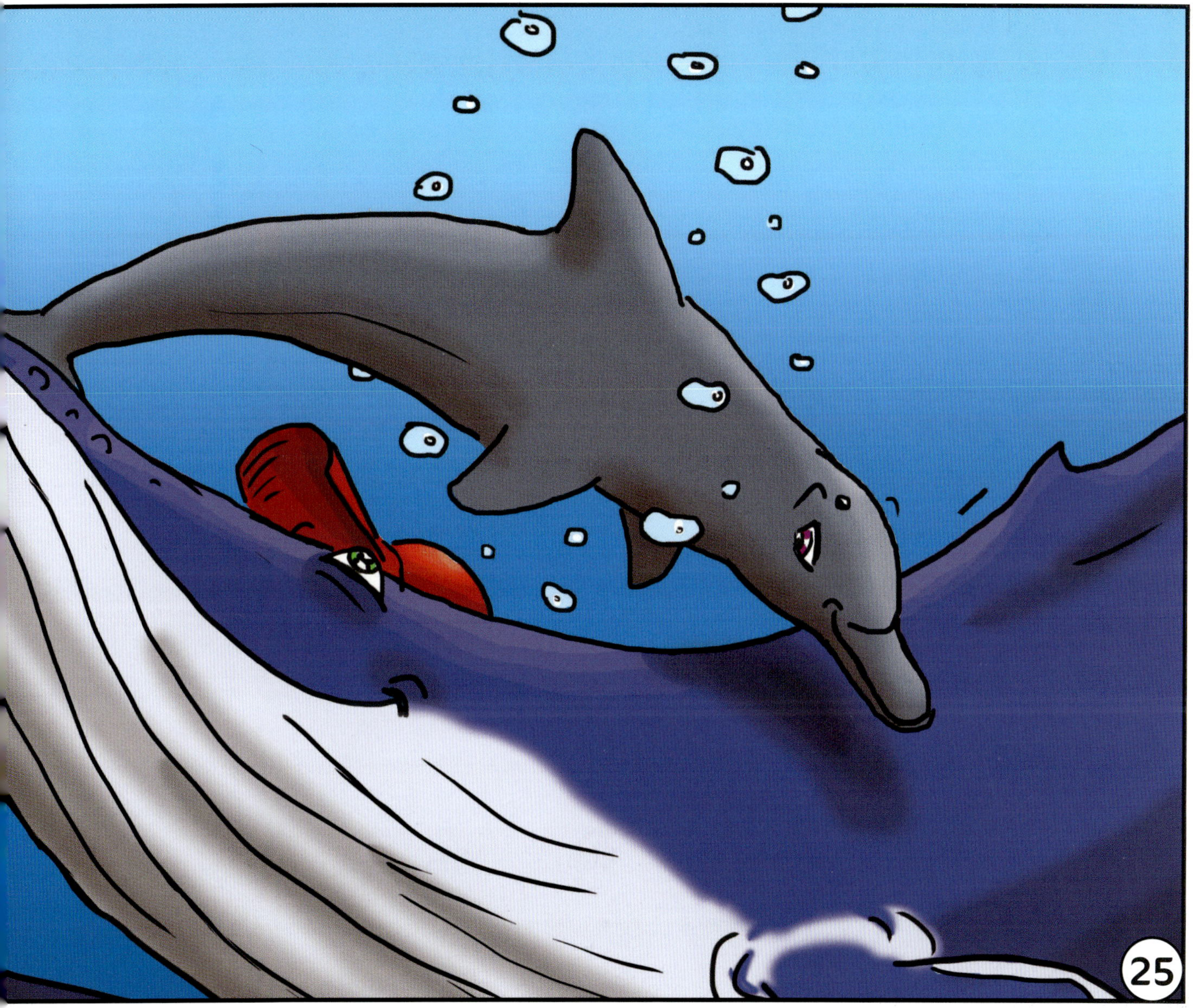

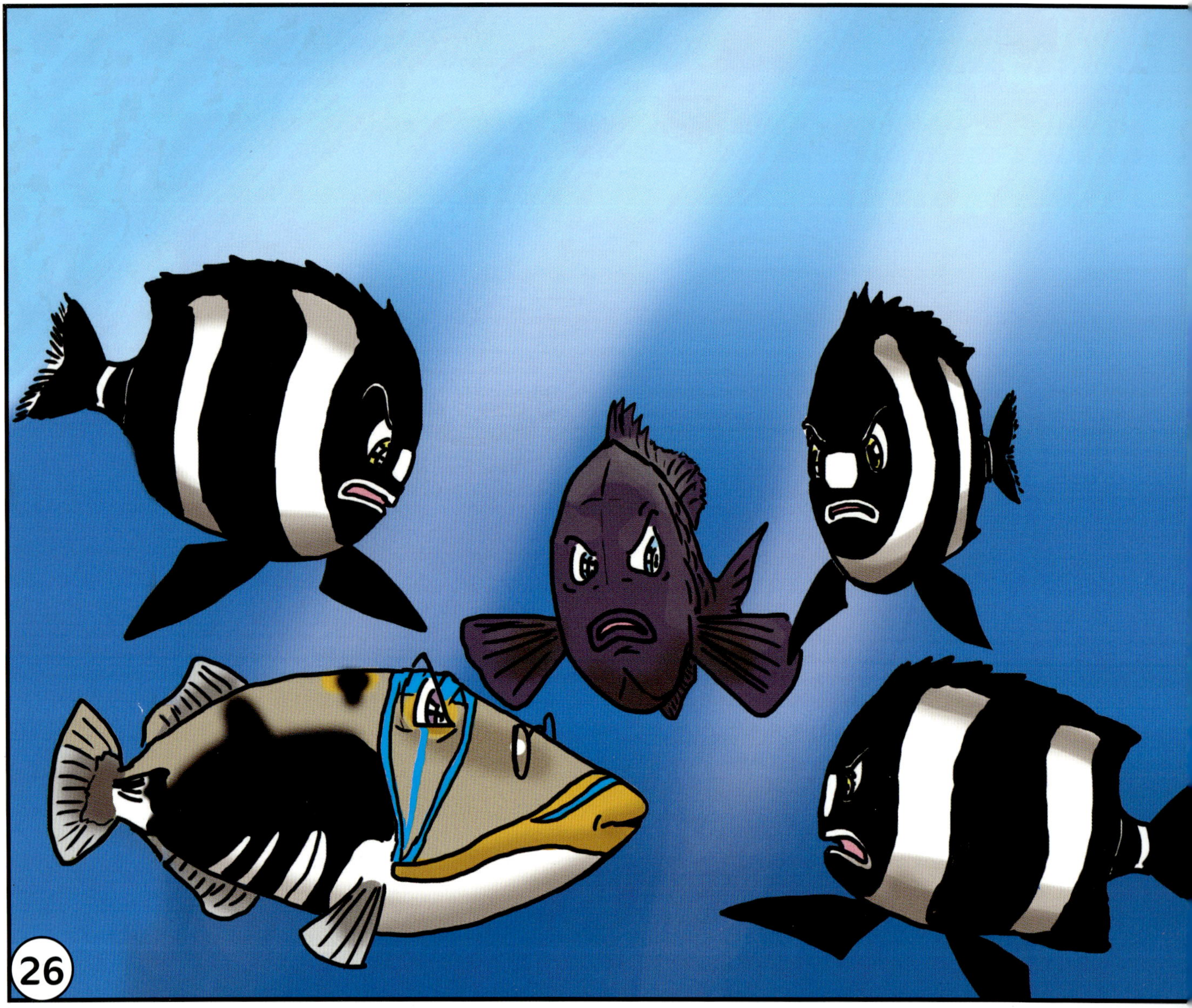

Théo se retrouve nez à nez avec une bande de petits poissons énervés. Baptiss commence à parler, mais il est interrompu par les Demoiselles : « Tu ne sais pas expliquer ! Et puis, ton vieux corail ne valait rien. **Théo, viens sauver notre maison ! »** Le Grégoire dit alors « ne les écoute pas Théo, ce sont des idiotes égoïstes ! »

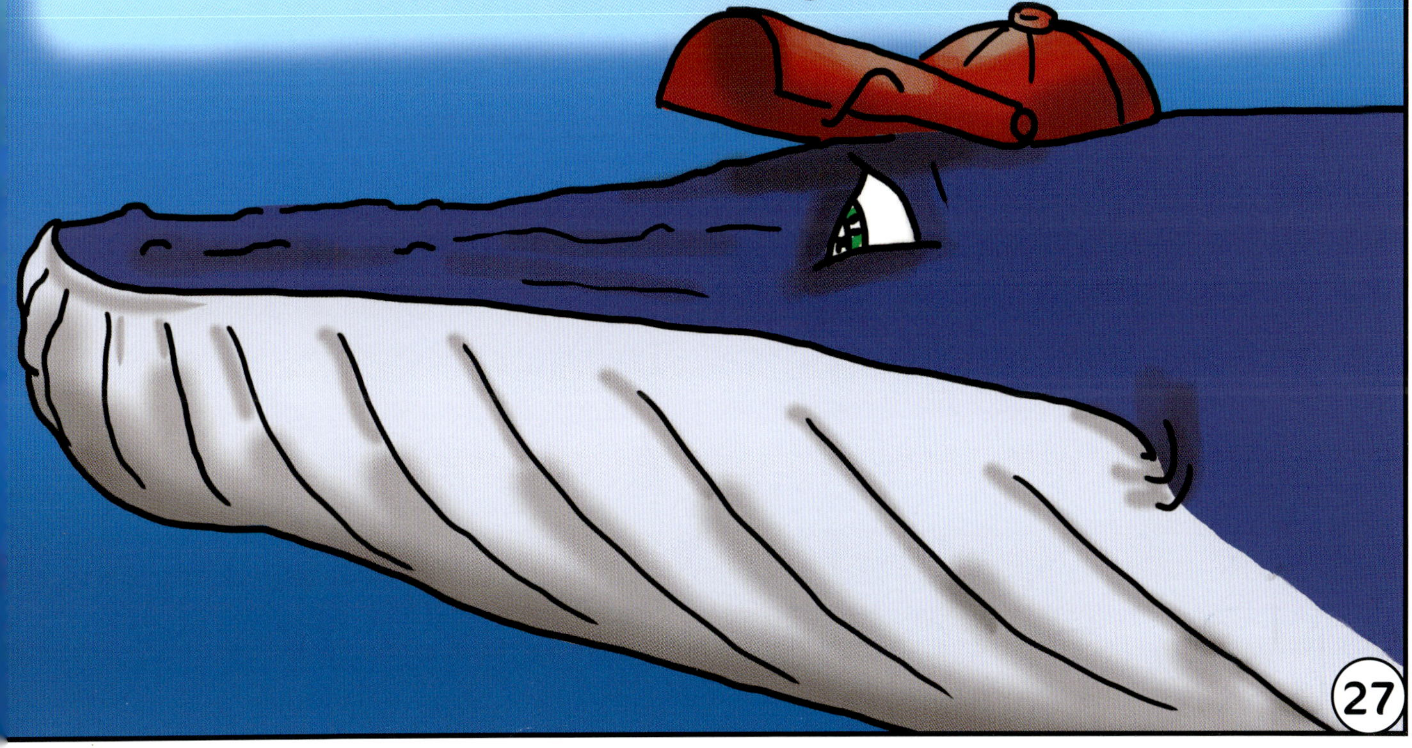

C'est alors qu'une bagarre s'engage entre les poissons. Alors, pour calmer tout ce petit monde, Théo les envoie virevolter dans les airs. De retour dans l'eau, il leur dit :

« **ça suffit !** Tant que vous ne vous respectez pas, je ne peux rien faire pour vous ! »

Sur ces mots, Théo disparait dans les profondeurs de l'océan.

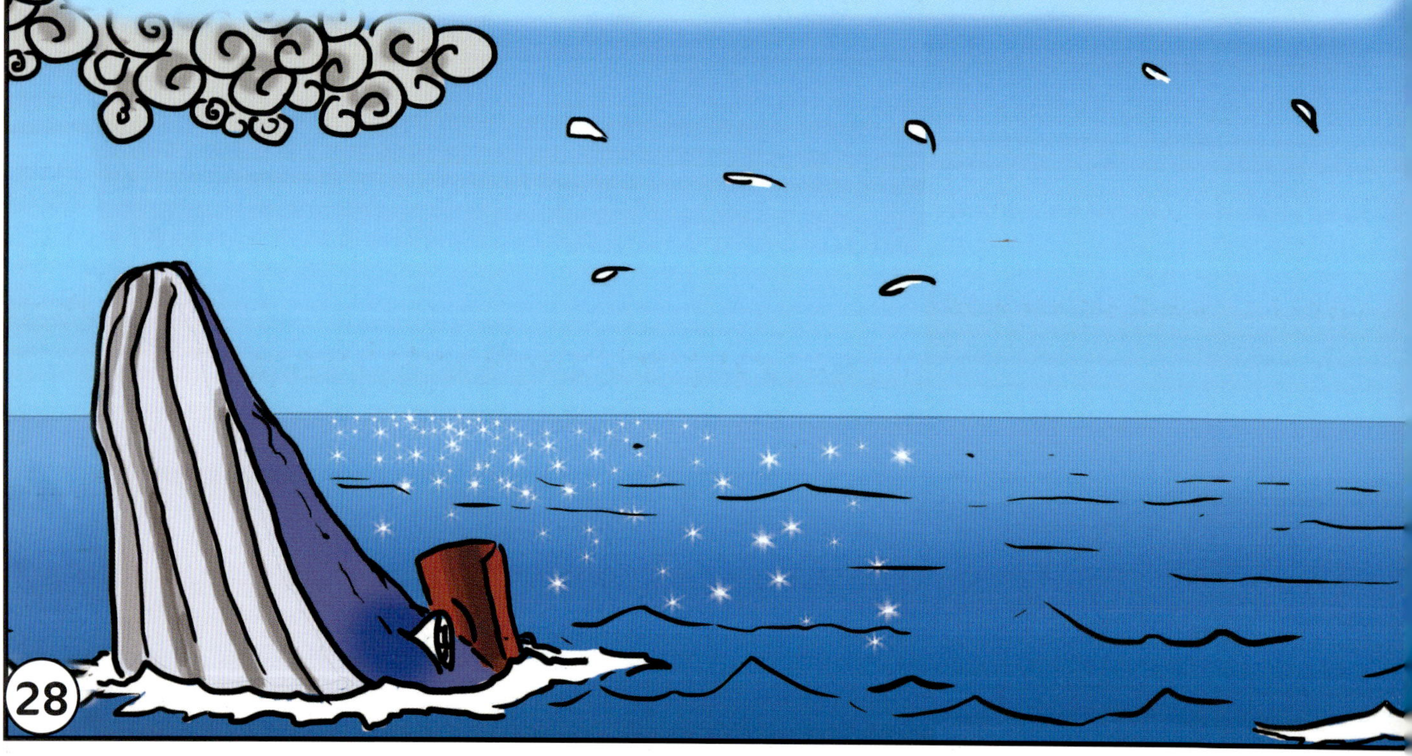

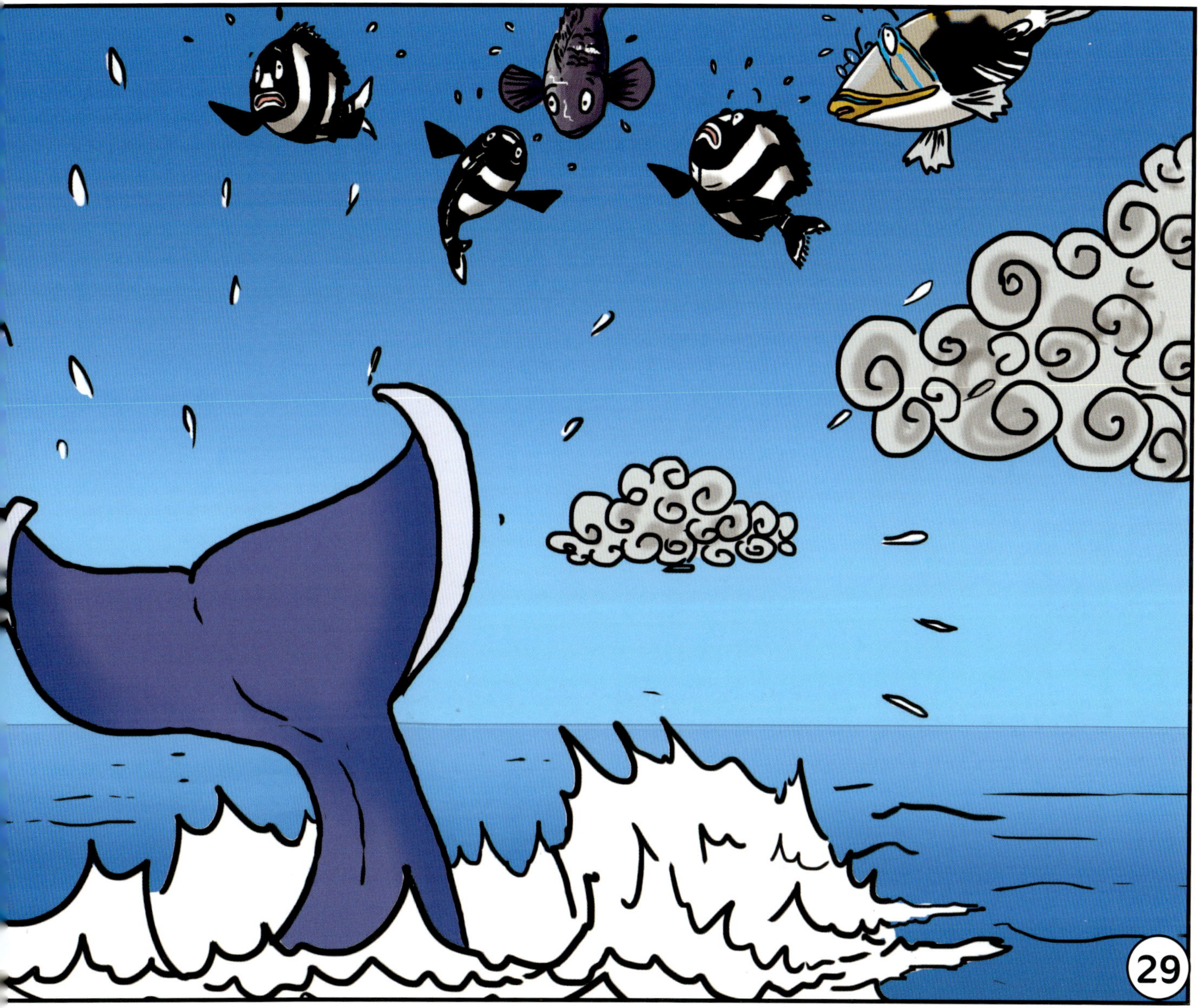

Sur le chemin du retour, les poissons sont abasourdis.
Ils ne s'attendaient pas à la réaction de Théo.
« Que faire maintenant ? » soupire Baptiss.

À ce moment là, passe au dessus de leur tête,
l'ombre gigantesque, prête à tout détruire sur son passage !

« Fuyons ! » hurlent les poissons.

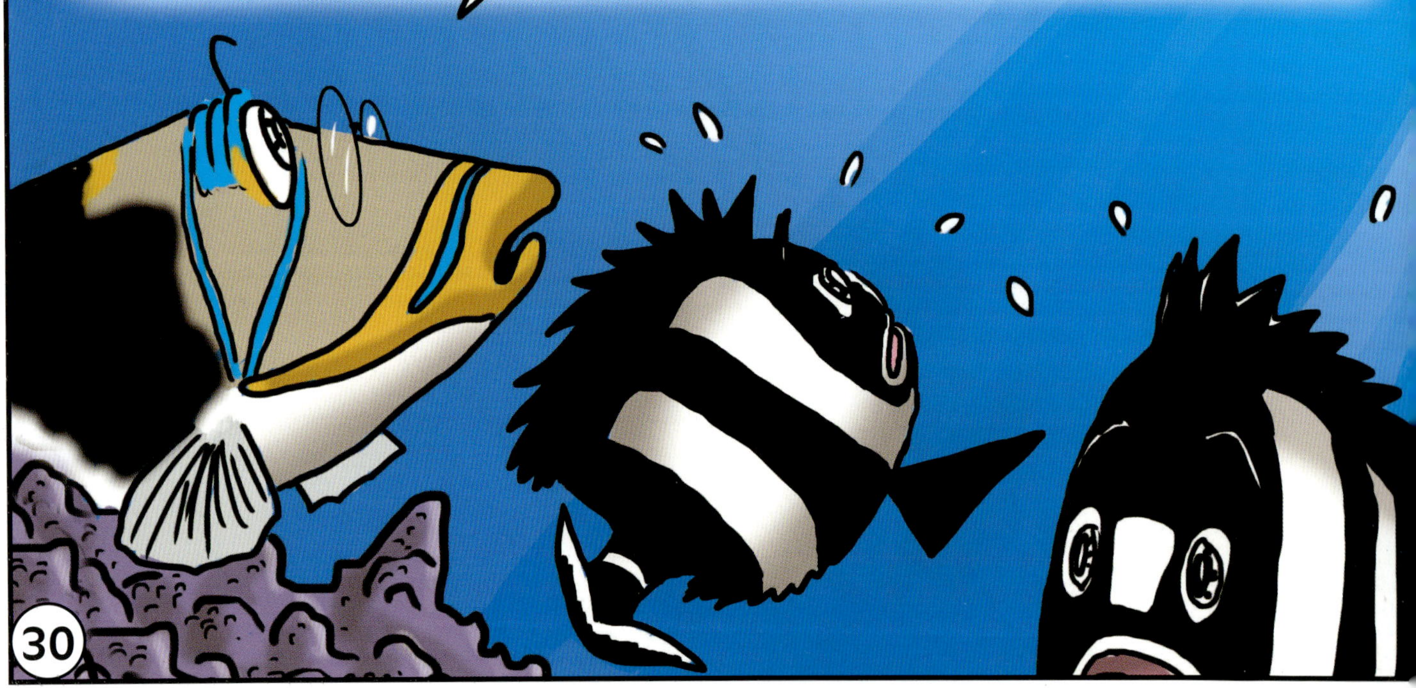

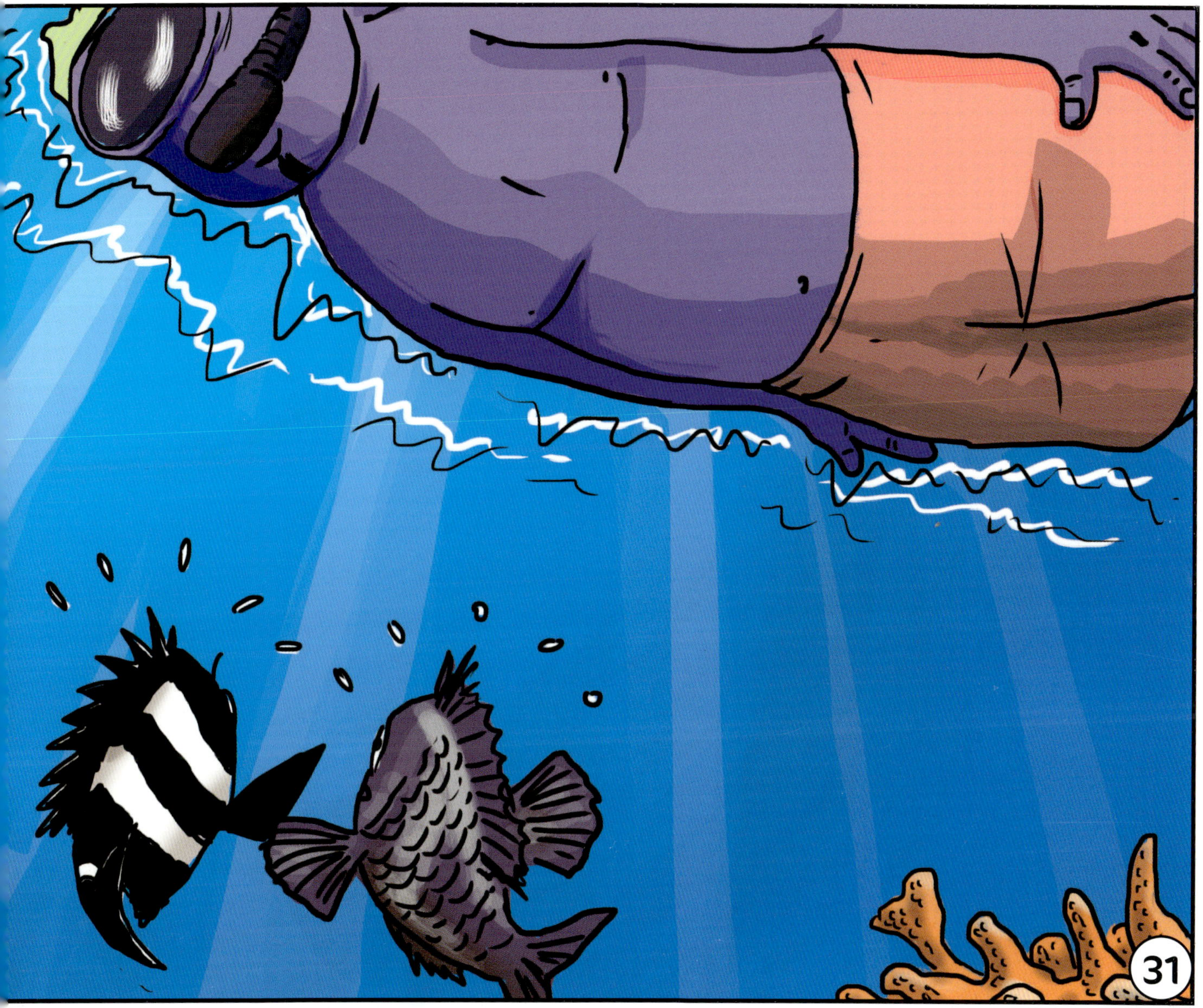

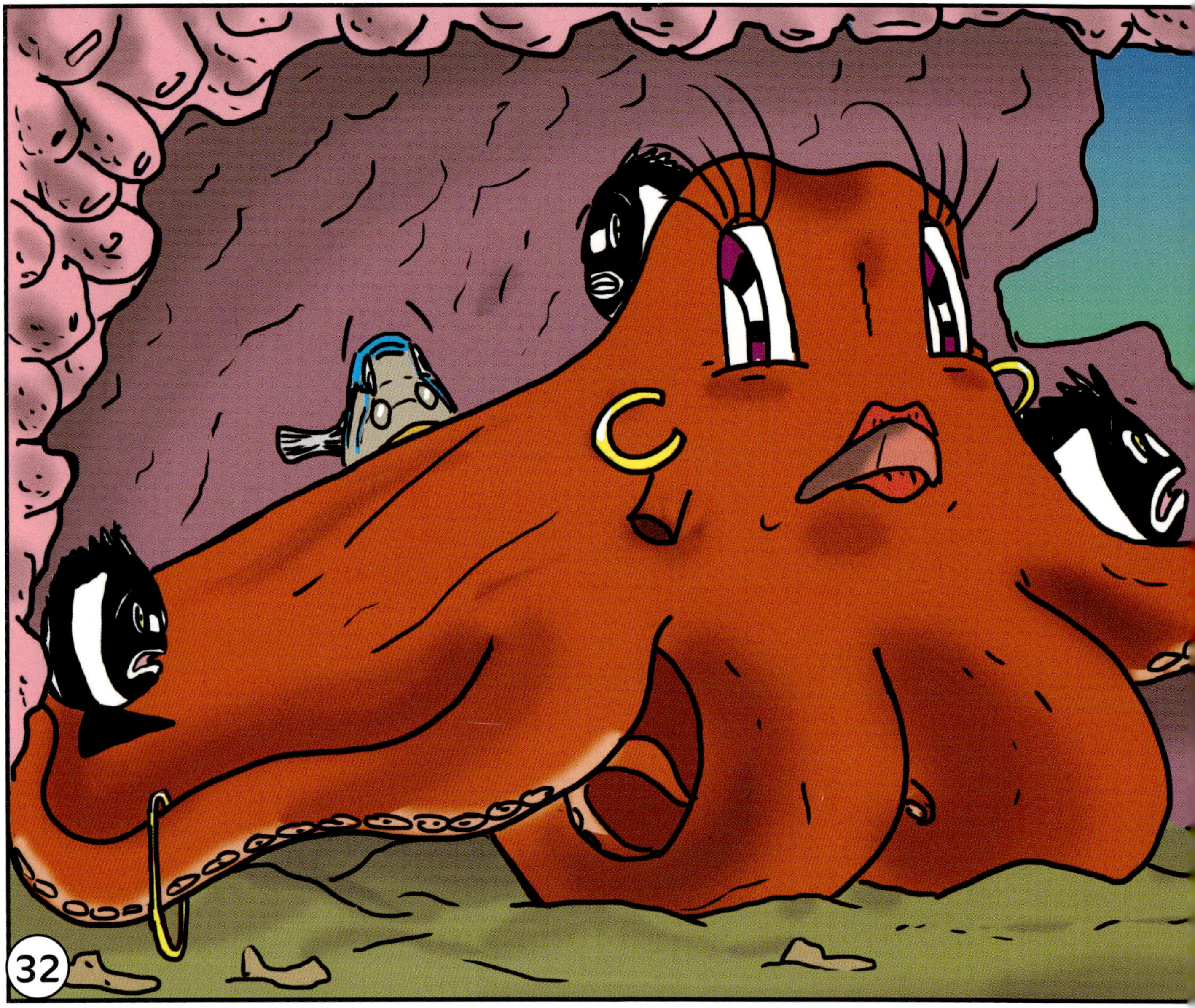

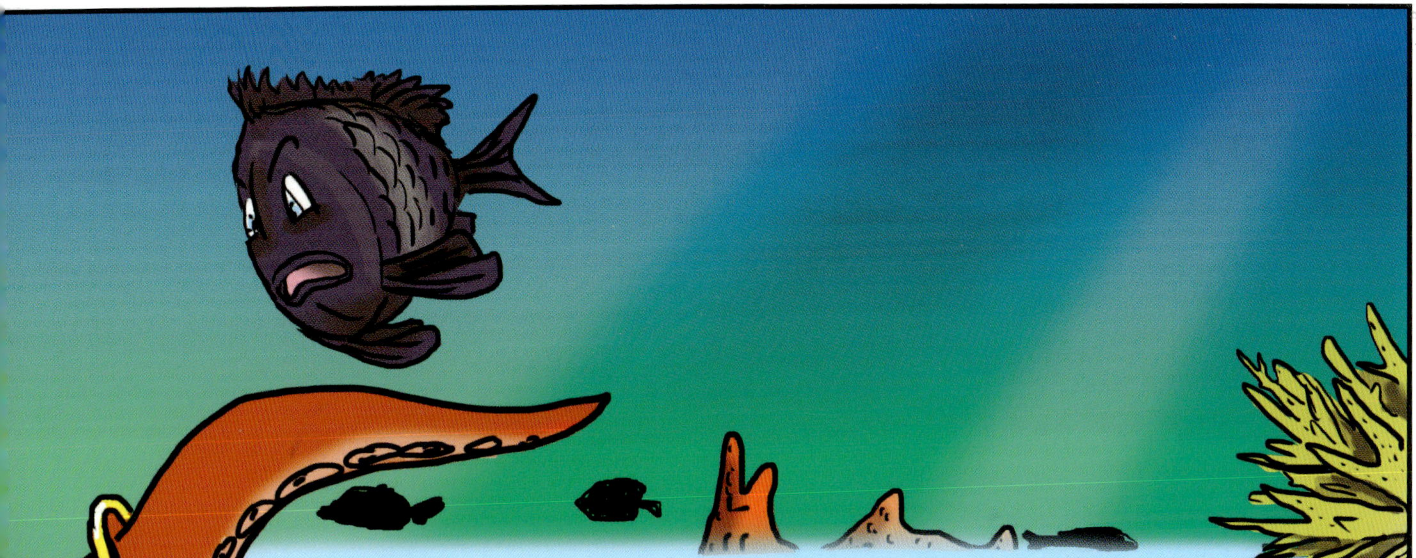

En un rien de temps, les poissons se sont mis
à l'abri dans la grotte de Pépite.
Sauf Grégoire, qui prend la parole
« **Allons bande de peureux**,
vous n'allez pas rester sans rien faire.
C'est de notre faute si Théo n'est pas venu à notre secours.
Montrons-lui de quoi nous sommes capables ensemble ! »

« Il a raison » rajoute Pépite.
« Baptiss, sortez votre épine, Demoiselles,
aiguisez vos dents, nous n'avons plus de temps à perdre. »

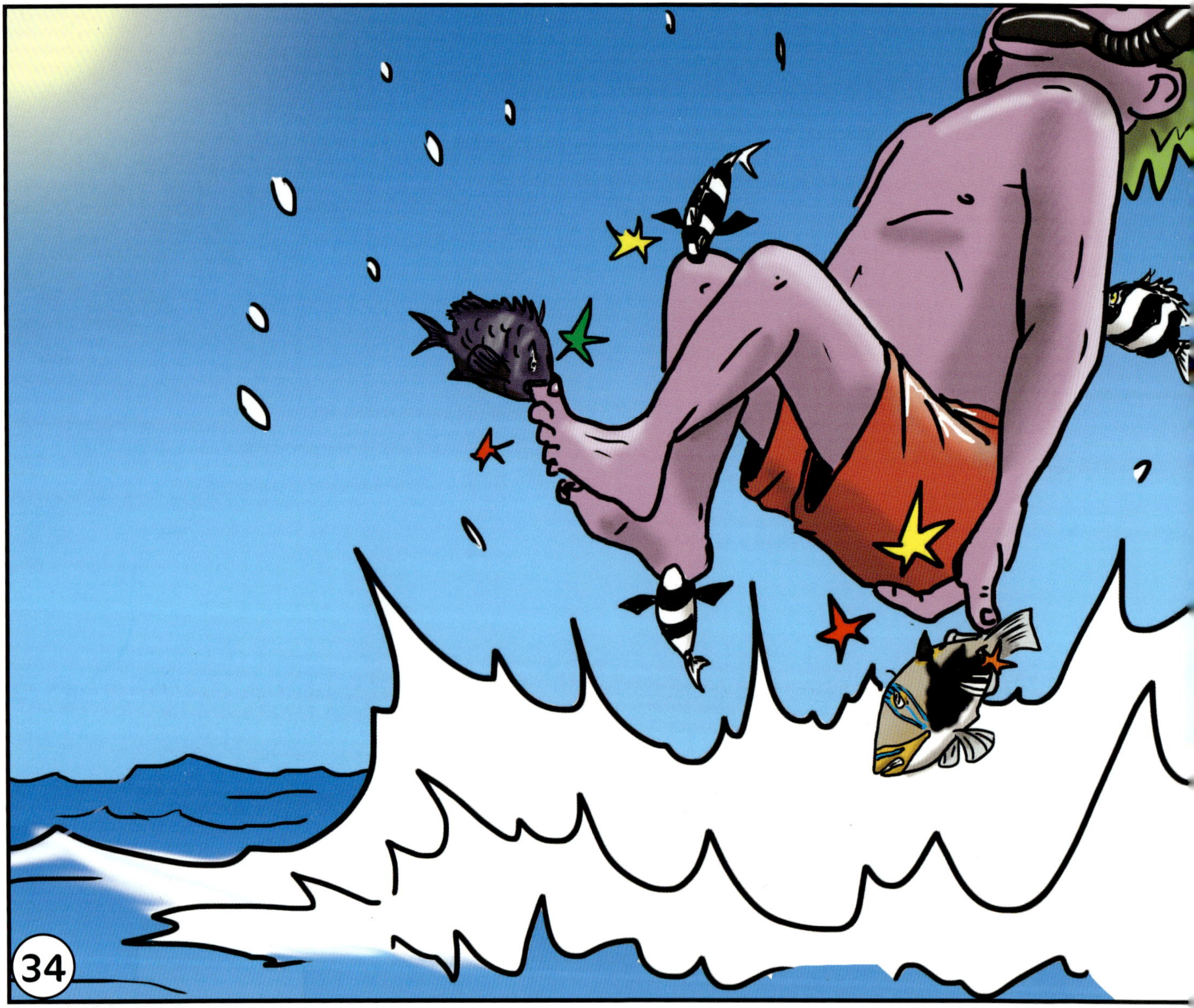

Les demoiselles n’ont plus le choix.

Elles doivent se joindre à Gégoire et Baptiss **pour sauver le corail.**

En un éclair, le petit groupe s’élance à l’assaut : un coup de nageoire par-ci, d’épine dorsale par-là et quelques morsures bien placées...

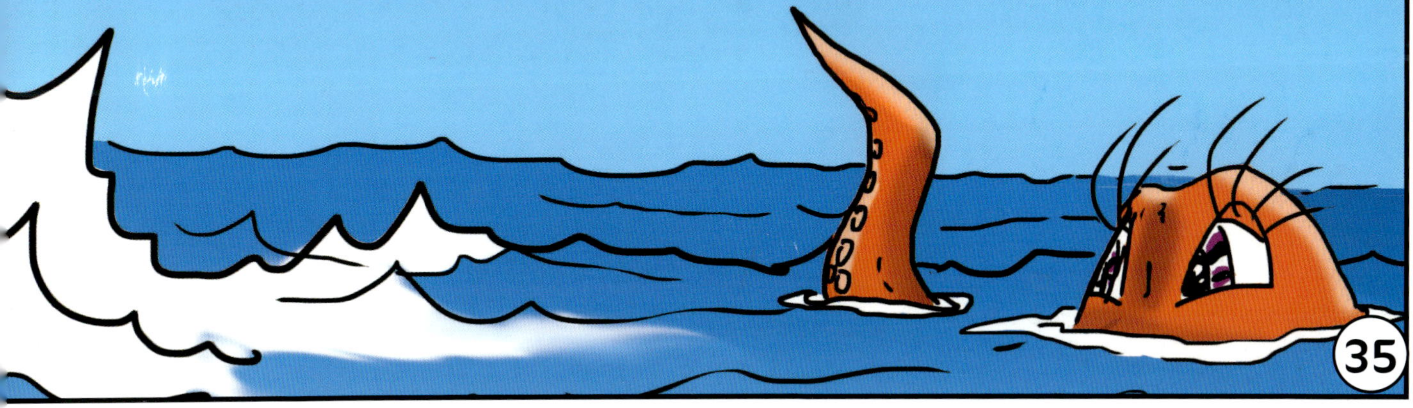

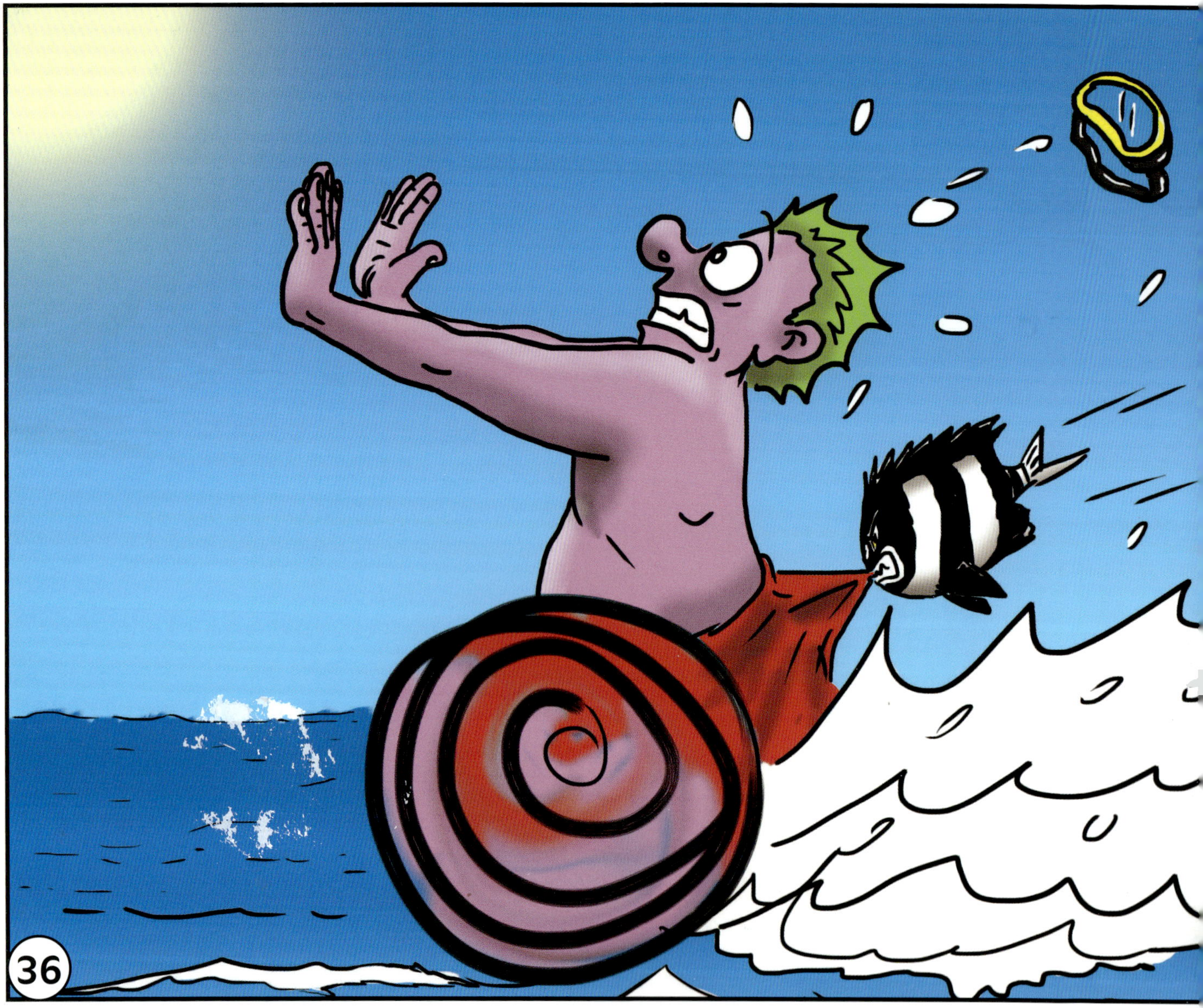

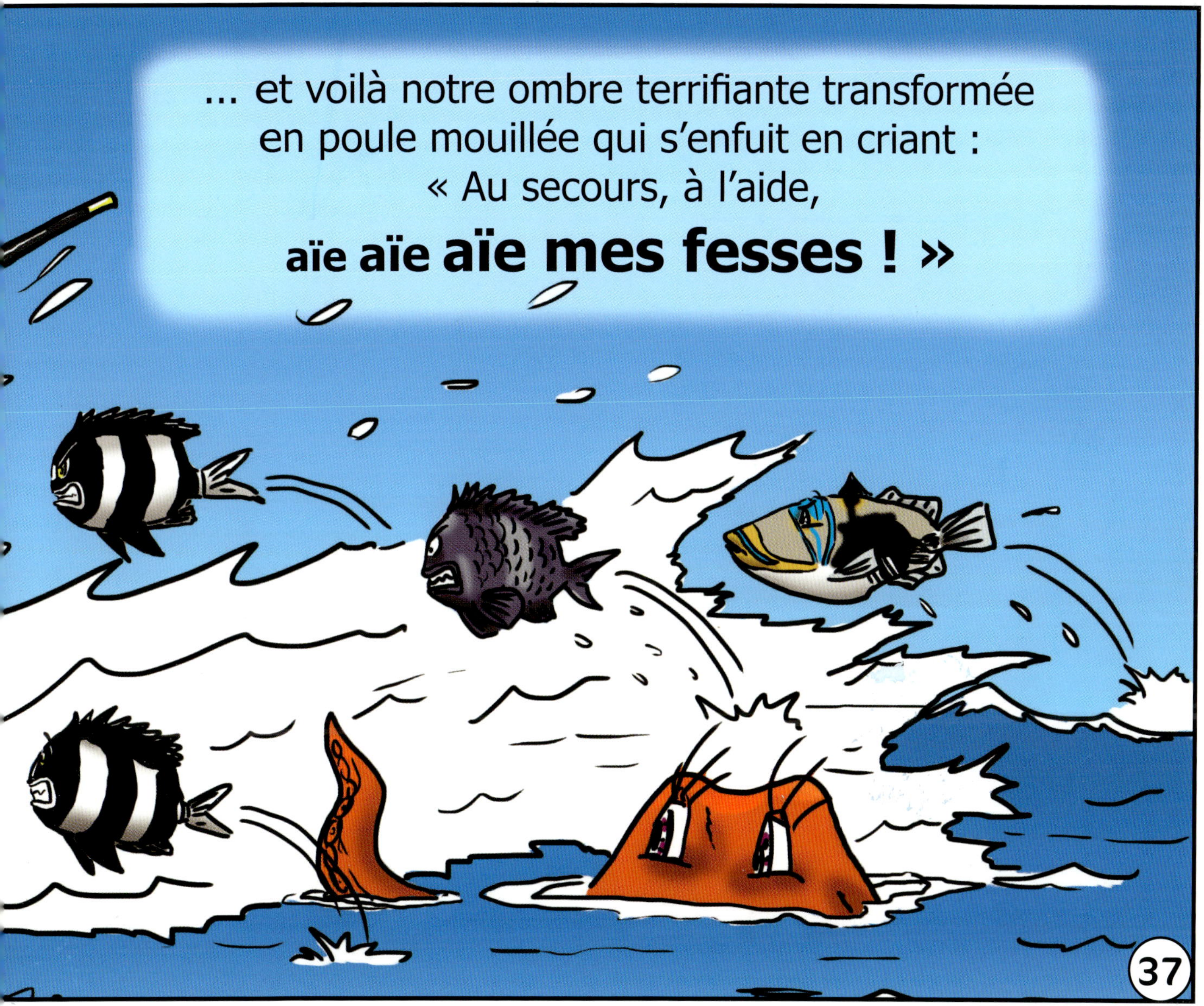
... et voilà notre ombre terrifiante transformée
en poule mouillée qui s'enfuit en criant :
« Au secours, à l'aide,
aïe aïe aïe mes fesses ! »

Hourra ! Nous avons réussi !
Tous les poissons se félicitent et dansent de joie.
Théo, bien caché derrière des patates de corail,
observe la scène en souriant. **Son plan a marché !**

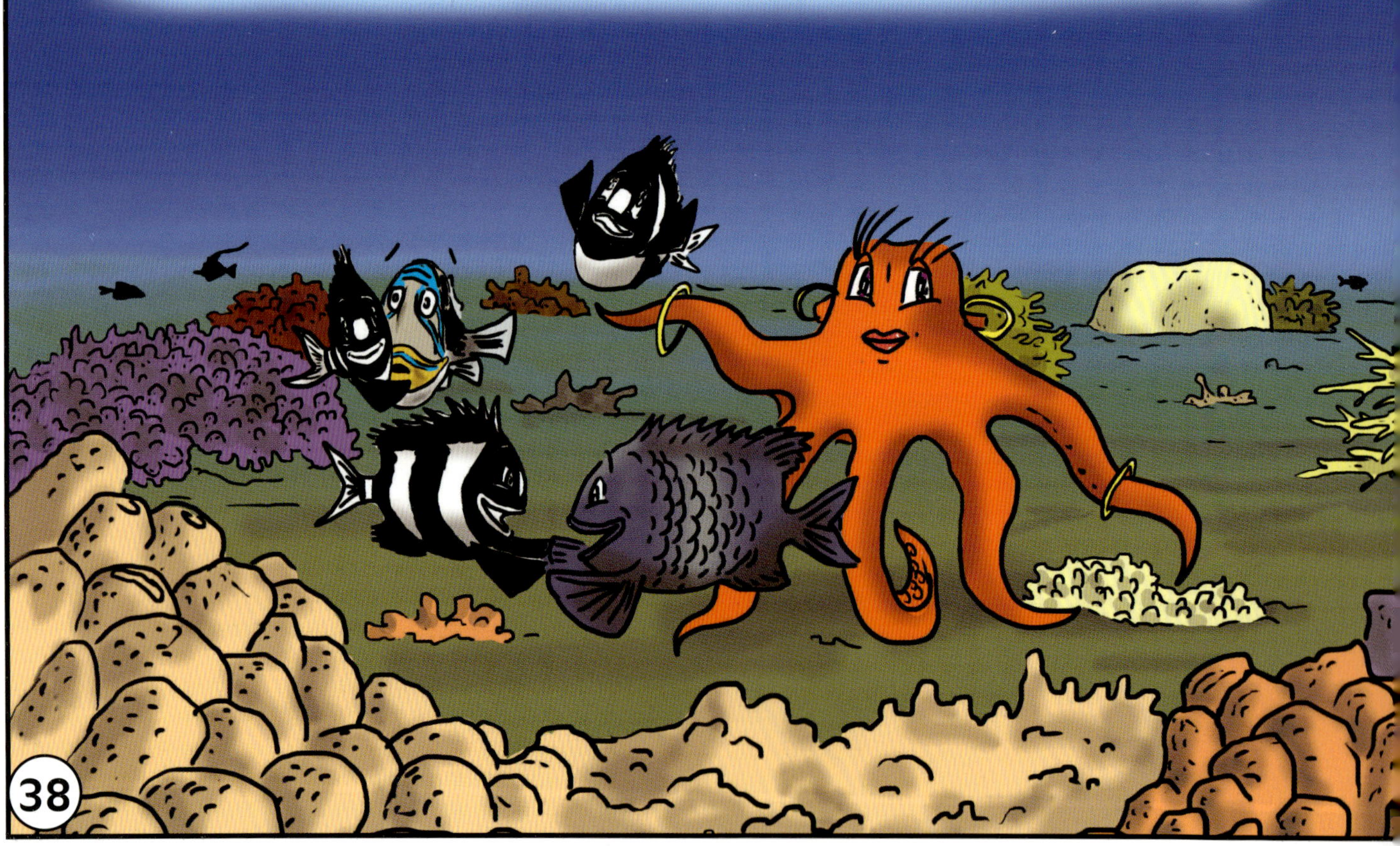

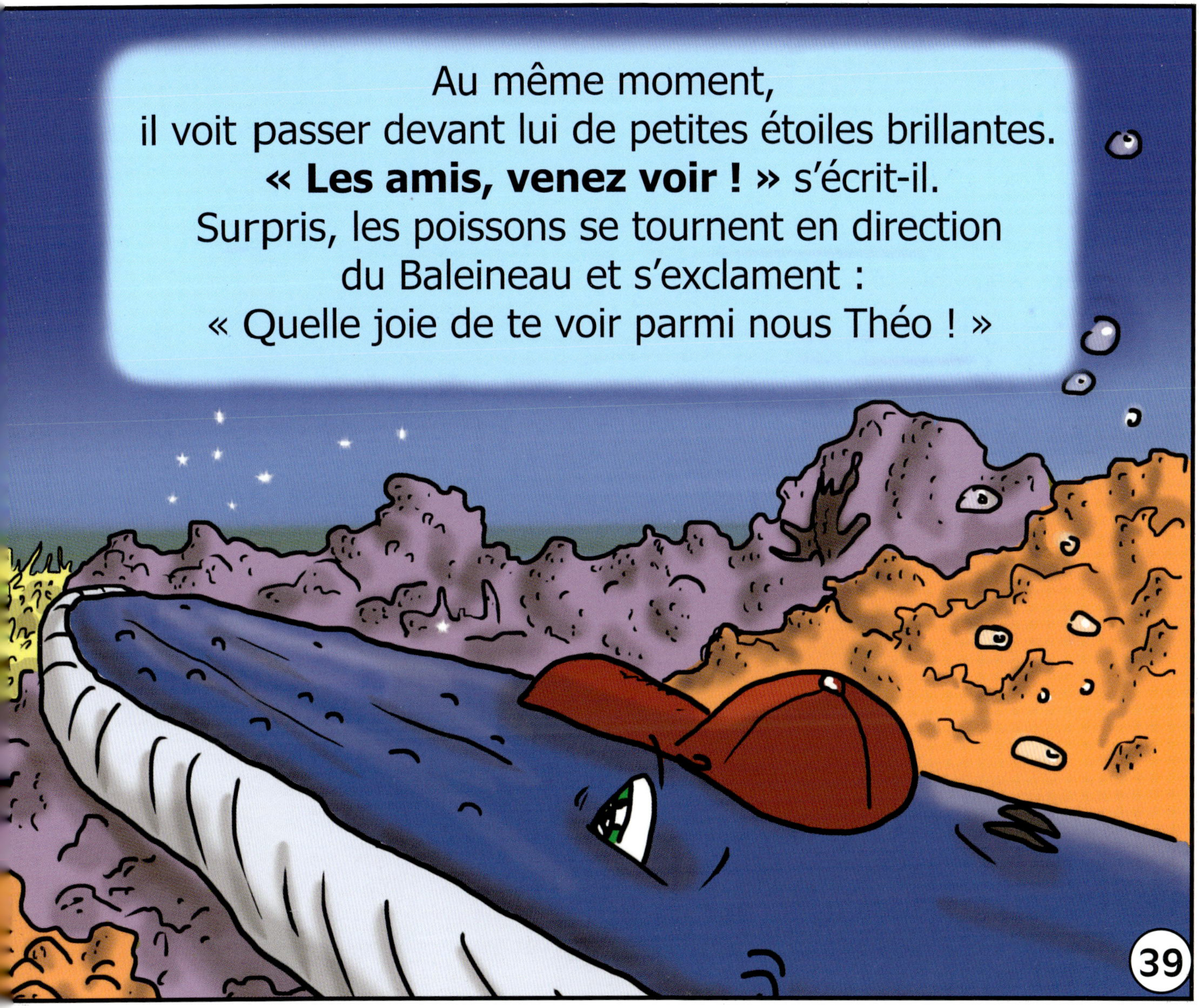
Au même moment,
il voit passer devant lui de petites étoiles brillantes.
« Les amis, venez voir ! » s'écrit-il.
Surpris, les poissons se tournent en direction
du Baleineau et s'exclament :
« Quelle joie de te voir parmi nous Théo ! »

« Oh, Théo, que c'est beau !
D'où viennent ces étoiles ? » demande Grégoire.
« Elles viennent du corail.
C'est ainsi qu'il va se reconstruire » explique Pépite.
Théo rajoute : « C'est grâce à vous, à votre courage et votre esprit d'équipe que nous pouvons admirer ce magnifique spectacle. Bravo mes amis ».

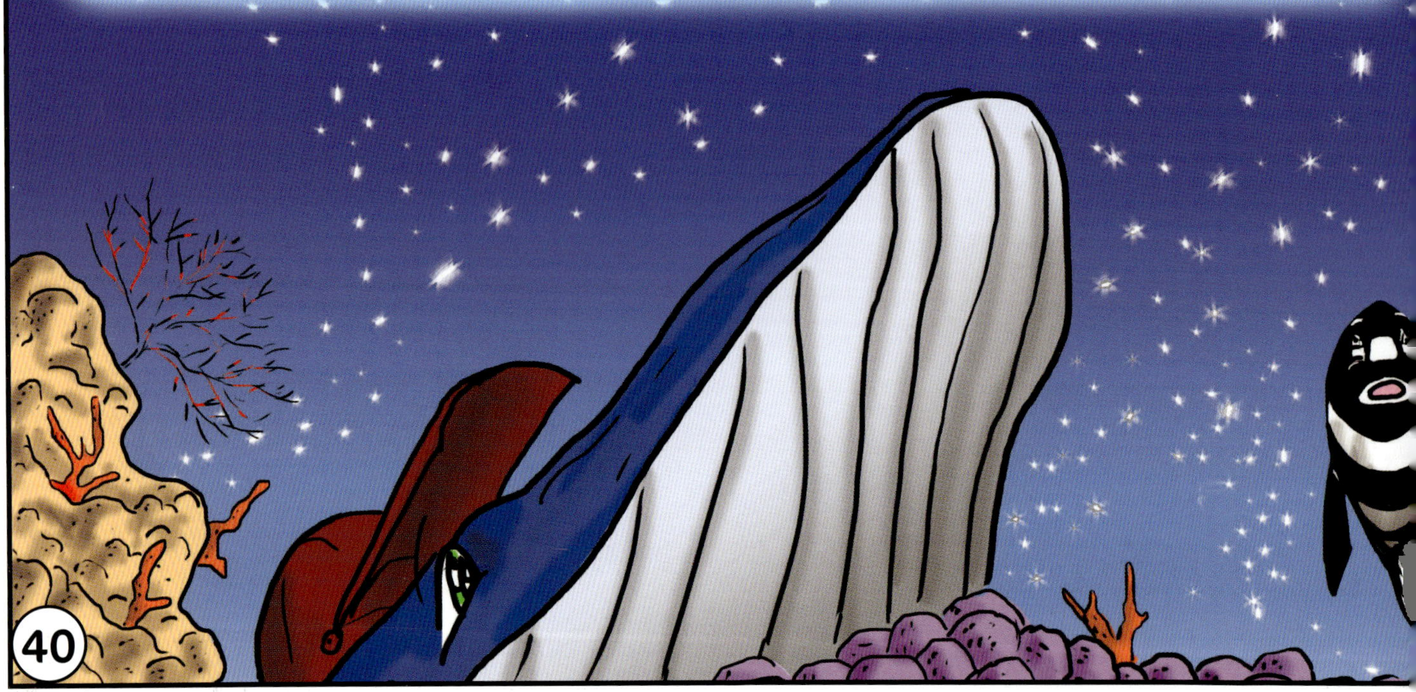

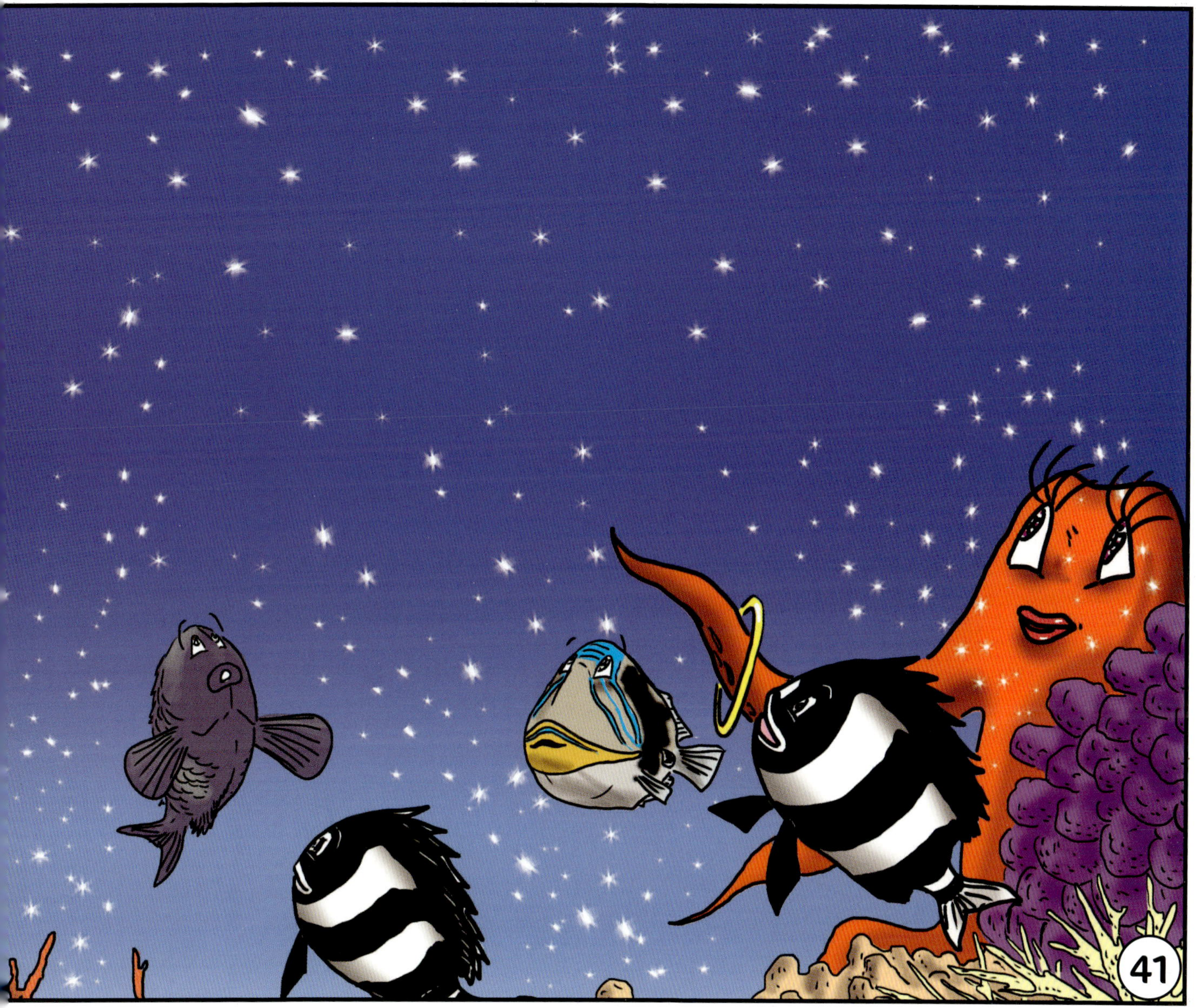

Depuis ce jour, il n'y a plus de dispute
et de moquerie dans le quartier "TouKoulèr."
Les Demoiselles ont même invité
Baptiss et Grégoire à demeurer chez elles.
Dorénavant, la fine équipe ne se gênera plus
pour distribuer quelques coups de dents et de queues
à ceux qui s'approcheraient trop près de leur
si jolie maison de corail.

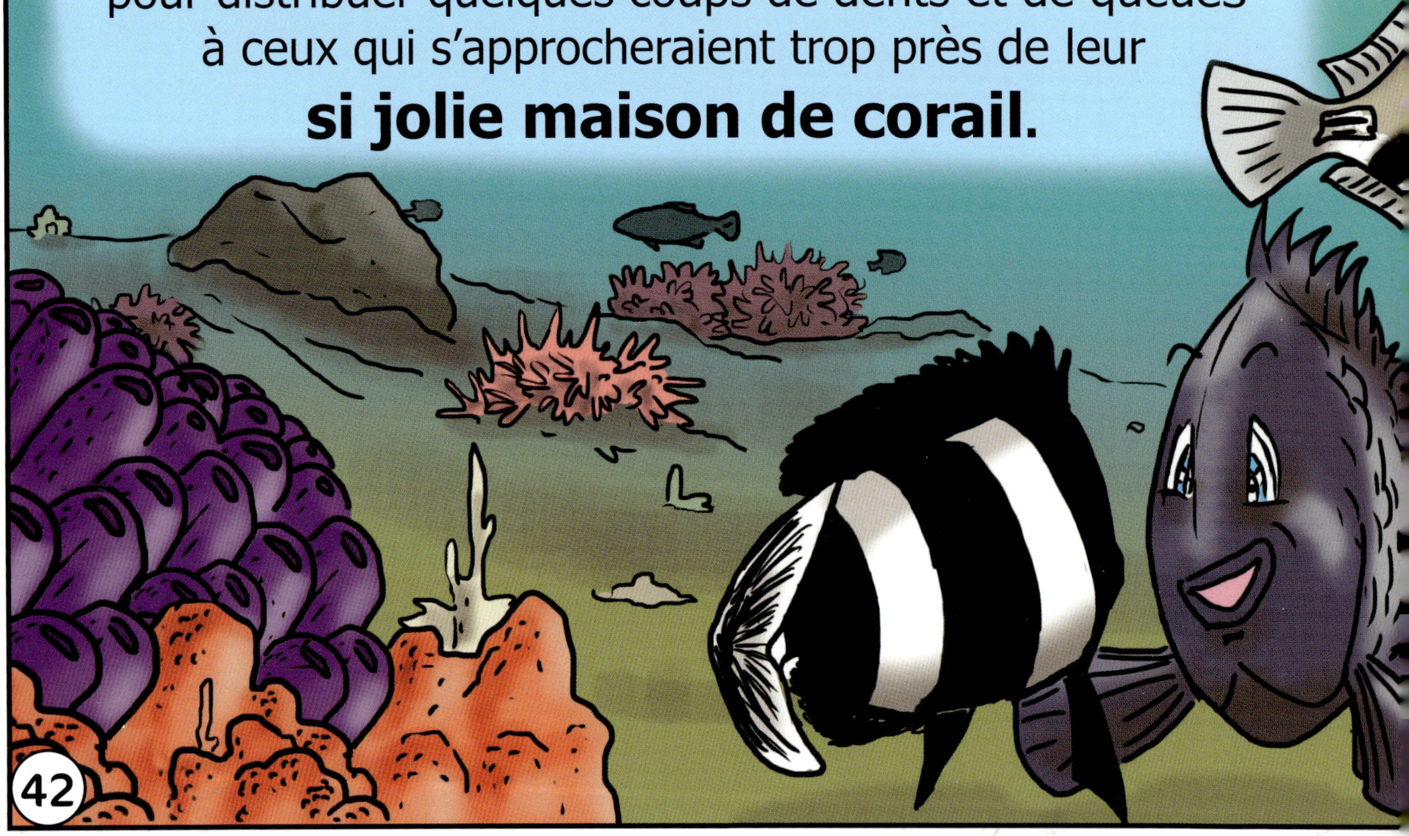

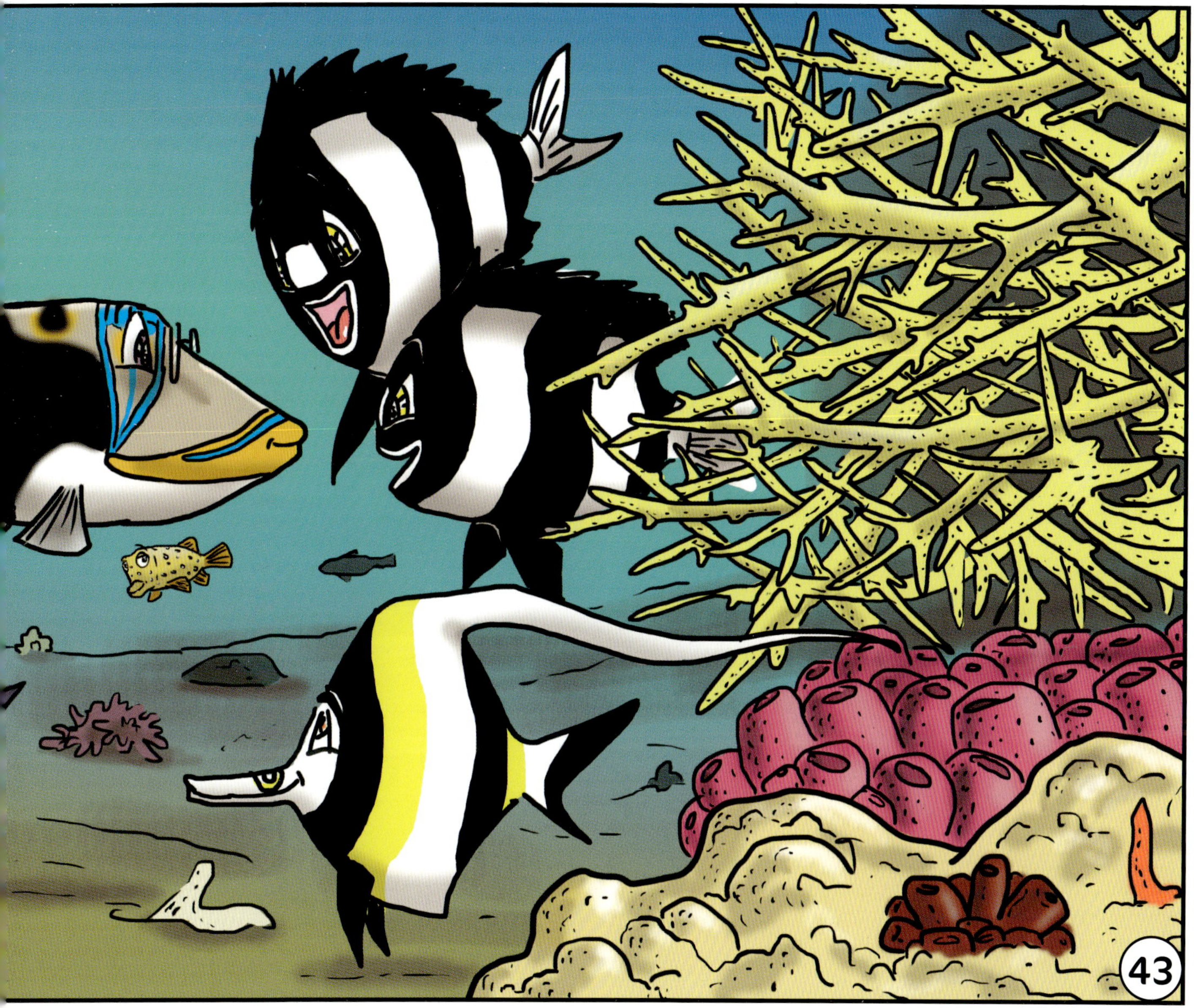

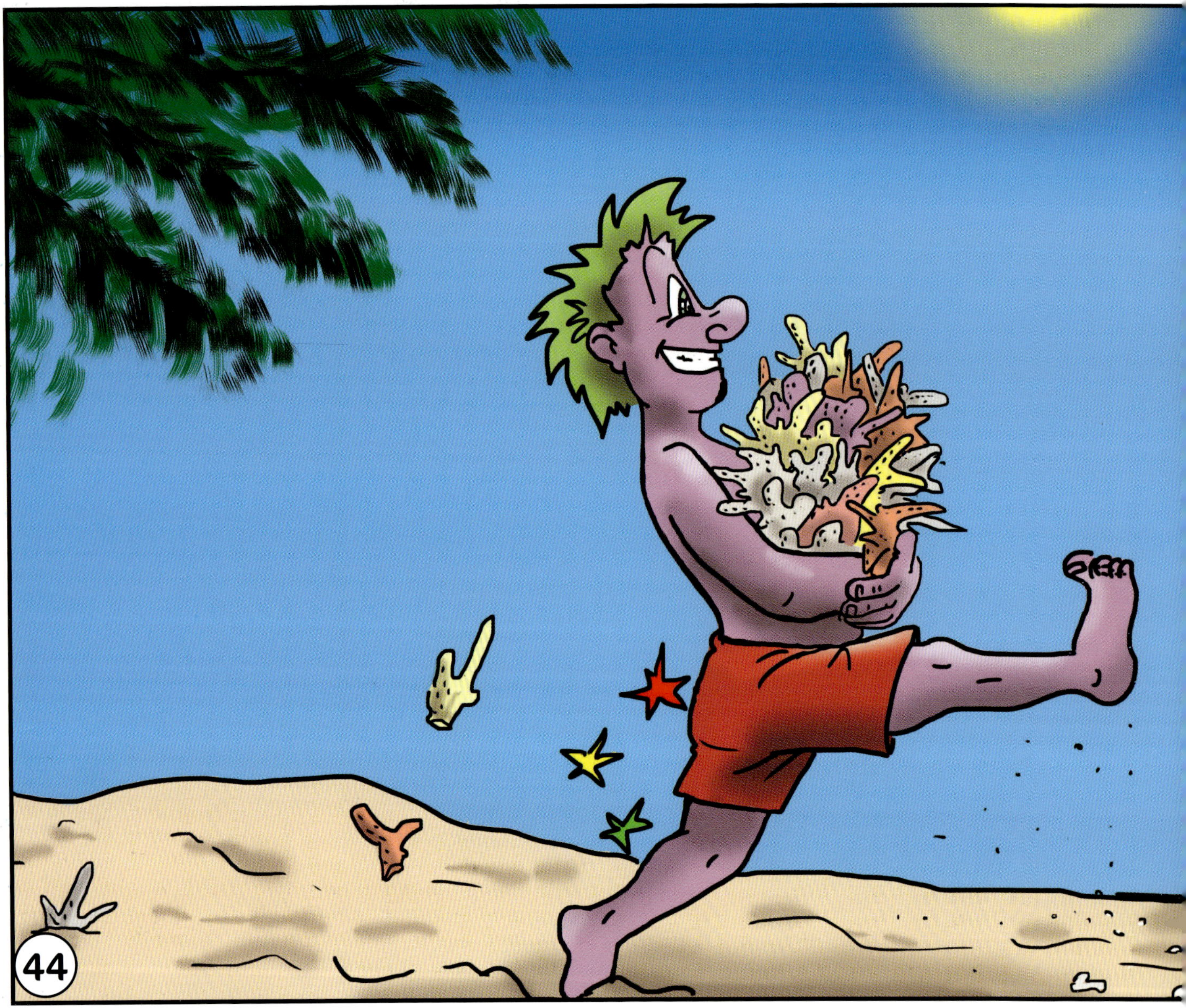
44

À l'île de la Réunion,

il est interdit de ramasser ou d'acheter des coraux. Sans la protection de cette barrière de corail, les plages risqueraient de disparaître. Voici ce que tu dois faire pour préserver l'équilibre et la beauté des récifs coralliens :

Ne marche pas sur les coraux,
Évite de les frôler avec ton corps,
un léger contact suffit à les casser.
Même si tu en as envie, résiste au désir
de ramasser les coraux dans l'eau ou sur le sable.

Sais-tu qu'il faut 1 an pour construire une branche de corail de 10 cm de long ?

Les récifs coralliens offrent un abri et un habitat à un grand nombre de poissons, de coquillages, de crustacés et autres formes de vie marine.
Ils sont les fonds sous-marins les plus peuplés du monde. Respectons-le pour que nos amis les poissons puissent y vivre le plus longtemps possible.

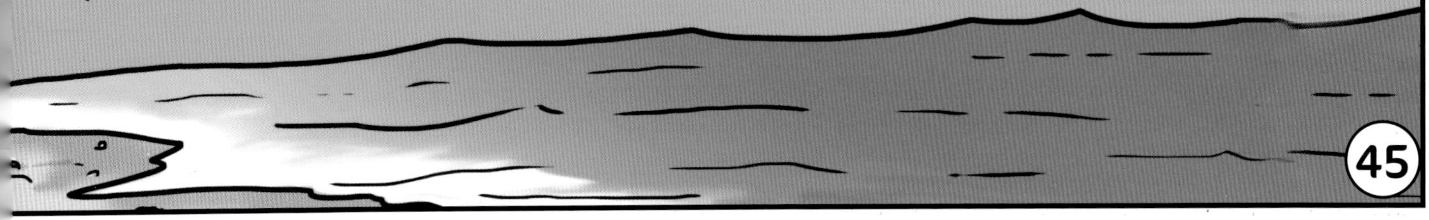

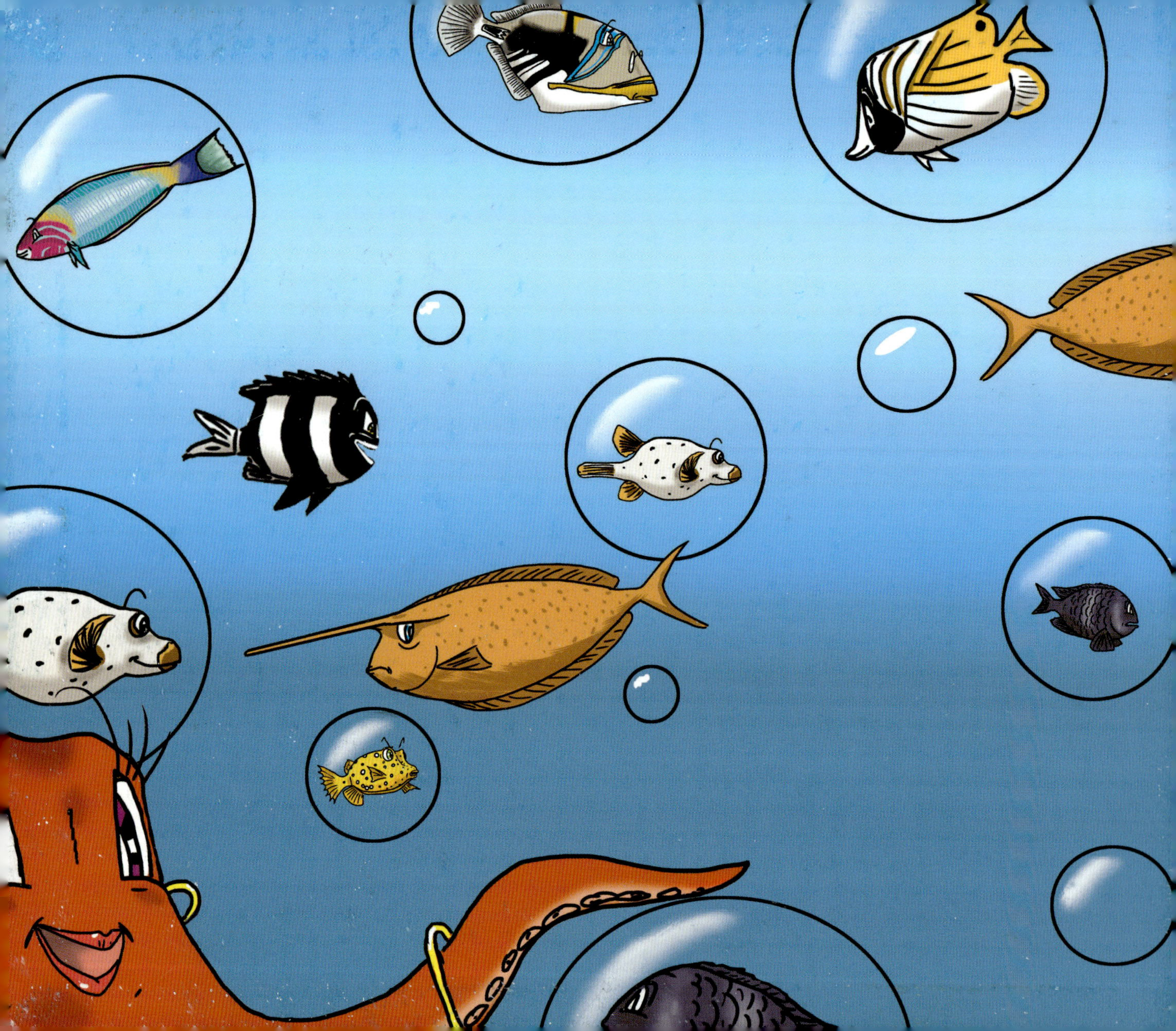